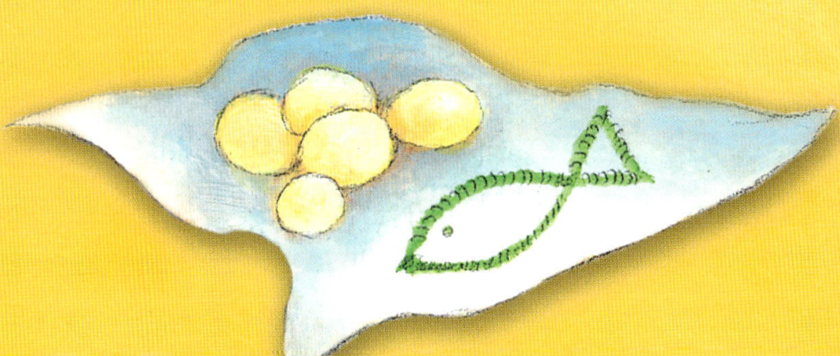

Petra Klippel

Und alle wurden satt

Meinen Patenkindern
Jan Luca und Pia
zur Erstkommunion
gewidmet.

Petra Klippel

Und alle wurden satt

Jesus-Geschichten zur Erstkommunion

Mit Illustrationen von
Yvonne Hoppe-Engbring

Butzon & Bercker

Bibliografische Information der Deutschen Nationalbibliothek

Die Deutsche Nationalbibliothek verzeichnet diese Publikation in der Deutschen Nationalbibliografie; detaillierte bibliografische Daten sind im Internet über http://dnb.d-nb.de abrufbar.

Das Gesamtprogramm
von Butzon & Bercker
finden Sie im Internet
unter www.bube.de

ISBN 978-3-7666-1551-0

Umschlagillustration: Yvonne Hoppe-Engbring
Umschlaggestaltung, Layout und Satz: Fotosatz Rosengarten GmbH, Kassel

Inhalt

Zur Einstimmung

Liebes Mädchen, lieber Junge!

Wenn mir jemand besonders wichtig ist, muss ich oft an ihn denken und über ihn sprechen. Und wenn mir eine Sache oder ein Tag viel bedeutet, kreisen meine Gedanken oft darum.
Geht es dir in diesem Jahr mit deiner ersten heiligen Kommunion auch so? Sicherlich dreht sich vieles bei dir und in deiner Familie genau um dieses eine Thema: deine Erstkommunion. Dich beschäftigt(e) der Kommunionunterricht, die Feier in der Kirche, deine Gäste und vieles mehr.
Bevor der große Tag da ist, überlegst du, wie er sein wird. Und wenn der Tag vorbei ist, erinnerst du dich gerne daran zurück und schaust dir vielleicht Fotos davon an. So ist das eben, wenn einem etwas sehr wichtig ist.

Vor etwa 2000 Jahren lernten Menschen in Israel den Mann Jesus von Nazaret kennen. Sie glaubten: „Dies ist der Sohn Gottes. Er bringt den Menschen Gottes Liebe.“ Was er sagte und tat, wurde für sie so wichtig, dass sie anderen davon erzählten. Und weil sich im Laufe der Zeit für viele Menschen das Leben und Denken um Jesus drehte,

wurden die Geschichten bis heute weitererzählt. Manche dieser Erzählungen habe ich ausgewählt und für dich in neuer Weise aufgeschrieben, zum Beispiel aus der Sicht eines Jungen, der Jesus beobachtete, oder durch die Augen eines Mädchens, das Jesus zuhörte, oder mit den Gedanken eines der Freunde Jesu, der sich an einen besonderen Moment erinnert.
Die Menschen, die an Jesus glaubten, fühlten, dass sie zusammengehörten. So entstand die Kirche als Gemeinschaft der Freunde Jesu. Und bis heute ist Jesus Christus für die Kirche so wichtig, dass sich das ganze Jahr in der Kirche um ihn dreht. An jedem Tag erzählt uns die Kirche darum eine andere Geschichte aus dem Leben Jesu. Und für manche Geschichten gibt es sogar einen eigenen Feiertag. Dazu kannst du etwas am Ende des Buches herausfinden.
Einige der Geschichten haben mit Brot zu tun, so wie die Erstkommunion. Aber es gibt auch Geschichten über Freunde und Geschwister, über Wut und Traurigkeit, über Staunen und Freude, über Gesundheit und Krankheit, über Tod und Leben. Es gibt letztlich nichts im Leben, das Jesus nicht selber gefühlt oder erlebt hat. Und daher gibt es auch nichts in deinem und meinem Leben, das Jesus nicht verstehen könnte.

Dass du durch die Kommunion und durch die Geschichten über Jesus spürst, dass er ein wirklicher Freund für dein Leben ist,

wünscht dir

Petra Klippel

Für Gott ist nichts unmöglich

Wer hätte das gedacht? Wer hätte gedacht, dass Mirjams Leben so ungewöhnlich verlaufen würde? Ich jedenfalls nicht. Dabei kannte ich Mirjam, seit wir beide klein waren. Unsere Familien waren Nachbarn.

Sie war auf den ersten Blick wirklich kein außergewöhnliches Mädchen. Nicht einmal ihr Name war etwas Besonderes: Mirjam, so hießen viele jüdische Mädchen bei uns. Später würde sie an vielen Orten Maria genannt werden, aber das konnten wir noch nicht ahnen.

Auch ihr Leben war nicht außergewöhnlich. Es war ein Alltag, wie wir anderen Mädchen ihn auch hatten: Wir lernten backen, nähen, kochen und waschen, um unseren Müttern zu helfen. Und wir lernten das alles, um gute und fleißige Ehefrauen zu werden. So war es auch für Mirjam. Denn obwohl sie noch lange nicht zwanzig Jahre alt war, sollte sie bald heiraten. So war das damals bei uns. Sie war bereits verlobt mit einem Mann namens Josef.

Ich kannte ihn und kann euch sagen: Dieser Josef war auch kein ungewöhnlicher Mann. Er war ein Handwerker, genauer gesagt: ein Zimmermann. Er arbeitete also mit Holz. Immerhin stammte er aus einer besonderen Familie: aus der Familie des berühmten Königs David. Aber der war schon vor vielen hundert Jahren gestorben.

Übrigens wohnten wir in Nazaret. Auch diese Stadt war nichts Besonderes. Sie war eigentlich mehr ein Dorf. Unsere Häuser waren aus Lehm und ziemlich klein, aber da das Wetter fast immer heiß war, spielte sich das Leben ohnehin meistens draußen ab.

Als wir noch kleiner waren, spielte Mirjam mit mir und den anderen Kindern in den Gassen. Als wir älter wurden, trafen wir jungen Mädchen uns am Dorfbrunnen, wenn wir Wasser holten. Oder wir verabredeten uns im Schatten der Bäume, um zu reden.
Oft tauschten wir dort unsere Sorgen und Geheimnisse aus. Und dort erzählte Mirjam mir eines Tages auch von einem besonderen Erlebnis. Ich konnte es zunächst kaum glauben.

***

Mitten in diesem alltäglichen, gewöhnlichen Leben passierte eines Tages etwas ganz Außergewöhnliches.
Mirjam war gerade im Haus beschäftigt, vielleicht mit Aufräumen oder Backen. Ich weiß es gar nicht genau. Vielleicht machte sie auch gerade eine Pause und betete, denn Mirjam war ein frommes Mädchen. Wir anderen Mädchen beteten nicht so viel. Jedenfalls geschah etwas ganz Unerwartetes: Der Engel Gabriel kam zu Mirjam und sagte:
„Sei gegrüßt, Mirjam, der Herr ist mit dir."
Mirjam war sehr erschrocken und zunächst sprachlos. Das

konnte ich wirklich gut verstehen: Ein Engel? Hier bei ihr? Was sollte das bedeuten? Sie begriff es einfach nicht. Der Engel hatte dafür Verständnis. Er machte ihr Mut und sagte: „Hab keine Angst. Gott liebt dich und hat dich auserwählt. Er hat eine große Aufgabe für dich: Du sollst den Sohn Gottes auf die Welt bringen."

Auch später noch erzählte Mirjam, wie verwirrt sie in diesem Moment war: Hatte sie richtig gehört? Oder war sie krank? Oder hatte sich der Engel geirrt? Dann aber fing sie an, darüber nachzudenken. Sie wollte wissen: „Wie soll das geschehen?"

Auch diese Frage beantwortete der Engel freundlich. Ausführlich erklärte er dem Mädchen, dass der Heilige Geist in ihm wirken würde. Ein solch heiliges Kind, der Sohn Gottes, konnte nicht von Menschen gezeugt werden: „Gott selber wird dieses Wunder vollbringen. Für Gott ist nichts unmöglich."
Und als Beispiel nannte der Engel Mirjams Verwandte Elisabet. Deren Geschichte hatte sich bei uns schnell herumgesprochen, weil sie überraschend war, denn Elisabet war alt und erwartete trotzdem ein Baby. Wir alle hatten schon gedacht, dass sie mit ihrem Mann Zacharias keine Kinder bekommen würde. Aber nun war sie doch noch schwanger geworden. Das wusste Mirjam. Das wusste jeder bei uns. Der Engel hatte also Recht: Für Gott war nichts unmöglich. Er hatte an Elisabet ein Wunder gewirkt. Er konnte auch an Mirjam ein Wunder wirken.
Mirjam glaubte dem Engel und antwortete: „Ich bin die Magd des Herrn. Alles soll so geschehen, wie du es gesagt hast." Da verließ sie der Engel.
Als sie mir später ihre Geschichte erzählte, bewunderte ich Mirjam. Sie war zwar jung und schwach, aber sie vertraute den Worten des Engels. Sie traute Gott zu, etwas Besonderes aus ihrem Leben zu machen. Ich finde, sie vollbrachte damit ein Wunder des Glaubens. Ob ich das auch geschafft hätte?

Nach Lukas 1, 26–38

Besuch von Maria

Unser Gott war wunderbar! Ja, er konnte wirklich Wunder wirken. Das konnte man an mir sehen.
Ich war keine junge Frau mehr. Schon vor vielen Jahren hatte ich Zacharias geheiratet. Wir führten eine gute Ehe, aber etwas machte uns sehr traurig: Wir hatten keine Kinder.
Als Frau war man bei uns nicht besonders hoch angesehen. Und als Frau ohne Kinder schon gar nicht. Die Leute dachten: „Mit Elisabet stimmt wohl etwas nicht. Vielleicht will Gott sie bestrafen."
Und dann geschah eben dieses Wunder: Ich wurde schwanger! Gott hatte uns geholfen, das wussten wir sicher. Ein Engel hatte meinem Mann angekündigt, dass wir ein Kind bekommen würden. Genauer gesagt: einen Sohn.
Ich konnte mein Glück kaum fassen. Jetzt wusste ich sicher: Gott schaute mich liebevoll an.

***

Eines Tages hörten wir von einem weiteren Baby in unserer Verwandtschaft. Maria erwartete auch ein Kind. Sie war sehr jung und noch gar nicht mit ihrem künftigen Mann Josef zusammengezogen. Schon lästerten viele Leute über sie.
Aber Maria und Josef erzählten eine ganz besondere Geschichte: Auch zu ihnen hatten Engel gesprochen und Maria war durch den Heiligen Geist schwanger geworden. Dieses Kind sollte der Sohn Gottes sein.
Ich muss zugeben, dass das auf den ersten Blick unglaublich schien. Aber meine eigene Geschichte klang ja ebenfalls unglaublich.

Als ich daher hörte, dass Maria mich besuchen wollte, freute ich mich sehr: „Dann habe ich viel Zeit, mit ihr zu sprechen", sagte ich zu Zacharias. „Ich möchte verstehen, was das alles bedeuten soll: Ihr Kind – der Sohn Gottes? Ich weiß nicht recht, was ich davon halten soll."

Aber als dann eines Tages die Tür aufging und Maria hereinkam – etwas verschwitzt und rot im Gesicht von der langen Wanderung –, da waren alle Zweifel verflogen.

Sie begrüßte mich so, wie es bei uns üblich war: „Schalom, Elisabet, der Friede sei mit dir!" In diesem Moment bewegte sich das Kind in meinem Bauch. Es war, als machte es einen Hüpfer, sobald es Marias Stimme hörte. Irgendwie wusste ich in diesem Augenblick: Es stimmte, was sie über das Kind sagten: „Das Kind in Maria ist heilig!"

Ich war ganz überwältigt und rief deshalb laut: „Gesegnet bist du, Maria! Gott hat dich auserwählt! Und gesegnet ist das Kind in dir!"

Plötzlich fühlte ich mich klein und unbedeutend neben ihr. Sie war wirklich eine ganz besondere Frau. „Wer bin ich, dass die Mutter meines Herrn zu mir zu Besuch kommt?", fragte ich daher und erzählte ihr, dass selbst das Kind in meinem Bauch hüpfte und sich freute.

Maria berichtete mir, wie es war, als der Engel zu ihr gekommen war, und was er ihr gesagt hatte.

„Maria, dein Glaube ist wirklich sehr groß!", staunte ich. „Glücklich ist die Frau, die den Worten Gottes vertraut hat! Du hast geglaubt und ‚Ja!' gesagt zu dem, was der Engel verkündet hat." Jetzt wusste ich sicher, dass in Maria der Heilige Geist gewirkt hatte.

Als Maria dann weitersprach, schien mir, dass auch diese Worte vom Heiligen Geist kamen. „Mein Herz singt ein Lied für Gott, und mein Geist jubelt, weil Gott mein Retter ist. Denn er hat auf mich, seine kleine Dienerin, geschaut. Von nun an werden mich alle Menschen glücklich nennen, weil Gott große Dinge für mich getan hat."

Ich hielt den Atem an. Eigentlich sprach Maria gar nicht zu mir. Es war eher, als würde sie beten. Und ich durfte zuhören. Sie erzählte von den großen Taten Gottes: „Sein Name ist heilig. Er hält immer zu den Menschen, die an ihn glauben. Er macht wunderbare Dinge: Er schickt die Eingebildeten weg, stößt die Herrscher von ihren Thronen herunter und bringt den kleinen Menschen Ansehen. Hungrige werden beschenkt, aber Reiche gehen mit leeren Händen weg."

Ich verstand so gut, was Maria meinte. Denn ich selber hatte mich auch unbedeutend und klein gefühlt, aber jetzt beschenkte Gott mich mit einem Kind und mit seinem Segen. So war es unserem Volk Israel auch immer wieder ergangen: Immer hatte Gott sein Volk beschützt und beschenkt. Maria sah das genauso: „Gott liebt sein Volk Israel und denkt an die Hilfe, die er uns und allen Menschen versprochen hat."

Als Maria aufhörte zu sprechen, nahm ich sie schweigend in den Arm. Mehr war nicht zu sagen. Gott war bei uns und unseren Kindern, das fühlten und wussten wir genau.

***

Maria blieb dann noch ungefähr drei Monate lang bei uns. Anschließend ging sie zurück nach Nazaret.
Bald darauf kam unser Sohn zur Welt und wir gaben ihm den Namen Johannes.
Einige Zeit später wurde auch Marias Kind geboren. Sie nannte ihn Jesus. Er kam in der Stadt Betlehem auf die Welt. Aber das war eine andere Geschichte.

Nach Lukas 1, 39–57.60

Volles Haus

Mein Vater war begeistert: „So viele Gäste hatten wir noch nie! Jetzt können wir mit unserem Gasthaus richtig viel Geld verdienen!“ Und meine Mutter fügte verwundert hinzu: „Und ausgerechnet dem Kaiser in Rom haben wir das zu verdanken!“ Ihr müsst nämlich wissen, dass man sonst für den Kaiser nur Steuern bezahlen musste. Aber diesmal hatte dieser Kaiser Augustus wirklich eine nette Idee gehabt.
Mein Vater erklärte uns die ganze Sache: „Der Kaiser will wissen, wie viele Leute in seinem riesigen Reich Steuern zahlen. Es ist ja so groß, dass man leicht den Überblick verlieren kann. Er braucht schließlich Geld für seine feinen Gewänder und teuren Feste, für seine Soldaten und Beamten und auch für Straßen und Häuser.“
Daher erhielten wir die Nachricht: „Jeder soll sich in Steuerlisten eintragen lassen.“ Und zwar nicht irgendwo, sondern in der Stadt, aus der seine Familie stammte.
Und genau das war jetzt unser Glück: Unser Gasthaus stand nämlich in Betlehem, der Stadt unseres großen Königs David. Zu Davids Zeit waren wir nicht den Römern unterworfen. Da gab es überhaupt noch keinen römischen Kaiser. Da war Israel eine große freie Macht. Doch das war lange her.
Aber immer noch lebten überall im Land Menschen, die aus der Familie Davids stammten. Und die kamen nun alle zu uns nach Betlehem. Und die mussten alle irgendwo schlafen und essen. Alle Herbergen und Wirtshäuser waren belegt. Die Wirtsleute rollten noch zusätzliche Schlafmatten aus – jeder Winkel wurde genutzt.

Alle packten mit an, damit es den Gästen bei uns gefiel. Auch wir Kinder mussten helfen. Ich fegte die Räume aus und meine große Schwester half beim Kochen. Trotz der vielen Arbeit klappte alles gut, und auch die Stimmung war gut.

***

Aber dann gab es eine Situation, die nicht so schön war. Da klopfte ein Mann an und ich machte die Tür auf. Mein Vater kam dazu. Der Fremde fragte nach einem Platz zum Schlafen für sich und seine Frau. „Unser Haus ist schon voll", sagte mein Vater kurz. „Versuch es woanders." Aber der Mann ließ nicht locker: „Wir sind schon überall gewesen. Keiner hat mehr Platz für uns." Dann deutete er auf seine Frau, die hinter ihm auf einem Esel saß. Jetzt erst fiel uns ihr dicker Bauch auf. „Meine Frau erwartet ein Kind. Sie kann doch nicht auf der Straße schlafen!" Er flehte uns an und erzählte vom langen Weg, den sie hinter sich hätten. Sie kamen nämlich aus Nazaret.
Mir taten die beiden leid, aber was nicht ging, das ging nicht. Mein Vater konnte doch niemanden von den anderen Gästen hinauswerfen.
Da kam mir ein guter Gedanke. Ich nahm Papa zur Seite, damit der Mann nicht mithören konnte. „Papa", sagte ich leise. „Können die beiden nicht unseren Stall benutzen? Dort sind sie wenigstens vor dem Wind und vor wilden Tieren geschützt." Vater klopfte mir auf die Schulter: „Gute Idee, mein Junge. Das ist auf jeden Fall besser als die Straße!"
Er wandte sich also wieder an den Mann: „Draußen vor der Stadt haben wir einen Stall. Dort könnt ihr schlafen." Und er fügte großzügig an: „Ihr müsst auch nicht dafür bezahlen."

Der Mann zögerte zwar kurz, aber er hatte ja keine andere Wahl. Nach einem Blick auf seine müde Frau nickte er und ich durfte ihm den Weg erklären.
Als sie weg waren, ging der Trubel bei uns im Haus weiter. Es war Zeit fürs Abendessen. So vergaß ich das Paar aus Nazaret schnell wieder.

***

Auch am nächsten Tag dachte ich erst gar nicht an sie. Es war einfach zu viel los. Aber am Abend war dann alles ruhig. Alle schliefen, nur ich konnte nicht einschlafen. Leise ging ich noch einmal vors Haus.
Ich schaute nach oben zu den Sternen. Ich liebte den Himmel bei Nacht! Wie schön der aussah.
Ich drehte mich zur anderen Seite. Was war das? Es schien wie ein helles Licht. Das musste außerhalb von Betlehem sein, dort, wo die Hirten ihre Schafe weideten. Hoffentlich brannte es dort nicht. Aber Feuerschein sah anders aus. Merkwürdig. Und was war das plötzlich für ein Gesang in der Luft? Er klang ganz himmlisch. Aber das konnte ja gar nicht sein. Woher sollte so ein Gesang kommen? Jetzt träumte ich schon, obwohl ich doch wach war. Ich sollte wohl mal wieder ins Bett gehen.
Aber der helle Schein war immer noch zu sehen. Der war ungefähr in der Gegend, wo unser Stall lag. Ob der Mann und die Frau aus Nazaret ihn auch sahen? Ob sie auch den Gesang hörten? Was hatte das alles zu bedeuten?

Zu Lukas 2,1–7

Ein helles Licht

Ich hatte schon geschlafen. Frauen machen bei uns keine Nachtwachen. Die Herden vor wilden Tieren zu schützen – das ist Männersache. Bei Tage arbeiten wir zusammen und suchen gute Futterplätze für die Schafe und Ziegen. Aber dann ist das Bereiten des Abendessens der letzte Dienst, den wir Frauen ausführen.
Beim Essen erzählte uns Ruben, was er bei seinem Besuch in der Stadt erlebt hatte. Wir hörten gespannt zu. Leider gab es nichts Schönes über Hochzeiten oder Geburten zu berichten. Es ging nur um Politik und um die Römer, die uns beherrschten. Ehrlich gesagt fand ich das langweilig. Ruben jedoch konnte sich immer richtig über die Römer aufregen. Das tat er auch an jenem Abend. „Wenn nur bald der Messias Gottes käme", seufzte er. „Der wird uns mit seinem himmlischen Heer von den Römern befreien."
Nach dem Abendessen teilten die Männer die Nachtwachen unter sich auf. Ich erzählte noch ein wenig mit Dina, einer anderen Hirtin. Dann legte ich mich schlafen. Der Himmel war klar, das Feuer wurde kleiner. Alles sah nach einer ruhigen Nacht aus.

***

Mitten in einem Traum wurde ich durch ein helles Licht geweckt. War ein Gewitter aufgezogen? Oder war ein großes Feuer ausgebrochen? Vor lauter Schreck war ich im Nu hellwach und setzte mich auf. Da hörte ich eine Stimme: „Fürchtet euch nicht!" Wer sprach denn da? Langsam gewöhnten sich

meine Augen an das helle Licht und ich sah die anderen Hirten genauso erstarrt, wie ich es selber war. Sie schauten nach oben, und da sah ich eine Lichtgestalt. Konnte das ein Engel Gottes sein? Himmlisch war jedenfalls seine Botschaft an uns: „Ich verkündige euch eine große Freude: Heute ist euch in der Stadt Davids der Retter geboren, der Messias, der Herr.“
Sollte Rubens Wunsch nun in Erfüllung gegangen sein? Wir hatten ja beim Abendessen noch über den Messias gesprochen. Doch der Engel verkündigte: „Dies soll euch als Zeichen dienen: Ihr werdet ein Kind finden, das in Windeln gewickelt ist und in einer Krippe liegt.“ Das konnte nicht der Befreier Israels sein! Er brauchte doch ein Heer mit Soldaten.
Ich kam aber nicht zum Nachdenken, denn auf einmal war da eine ganze Menge an Engeln. Ich hörte die Worte: „Ehre sei Gott in der Höhe und auf Erden Frieden bei den Menschen seiner Gnade.“ Es klang wie Musik in meinen Ohren. Und dann war auf einmal alles wieder dunkel und still.
„Habt ihr das auch gesehen? Oder habe ich mir das nur eingebildet?“, fragte Tobias. Wir schauten uns an: Was hatte das alles zu bedeuten? Dina meinte schlicht: „Kommt, wir gehen nach Betlehem, um nachzusehen.“ Sie hatte Recht: So würden wir ja feststellen, ob wir alle verrückt geworden waren.
Da wir die Tiere nicht alleine lassen konnten, blieben zwei Männer als Wachen zurück. Wir anderen gingen schnell und fanden tatsächlich die junge Familie mit dem Baby, das in einer Futterkrippe lag. Wir hatten also nicht geträumt. Die Eltern stellten sich als Maria und Josef vor. Sie waren so arm wie wir selber! Das Baby hatten sie Jesus genannt. Da hatten sie einen schönen Namen ausgesucht, fand ich. Er bedeutet: „Unser Gott rettet“. Ruben erzählte ihnen von den Engeln und deren Botschaft. Er war es auch, der besonders lange das neugeborene

Kind betrachtete: Den Retter Israels hatte er sich anders vorgestellt. Aber der Friede, den das Kind ausstrahlte, veränderte Rubens Herz und machte uns alle froh.
Am liebsten wäre ich dort geblieben, aber wir mussten zurück zu den Herden. Wir erzählten alles den beiden Wächtern: „Ja, es war wirklich alles so, wie der Engel es gesagt hat: Wir haben in Betlehem das Kind gefunden. Es lag in einer Krippe und war in Windeln gehüllt."
Gott hatte zu uns gesprochen, obwohl viele Menschen schlecht von uns Hirten sprechen. Wir sahen den Retter zuerst. Gelobt sei der Herr!
Am Horizont ging langsam die Sonne auf.

Nach Lukas 2,8–20

Ein neuer König?

Ich hatte mich kaum getraut, dem König zu erzählen, was ich gehört hatte. Herodes konnte schnell wütend werden und diese Nachricht würde ihm bestimmt nicht gefallen. Doch wenn das Gerücht stimmen würde, könnte man es auch nicht vor ihm geheim halten. Also überlegte ich eine Weile hin und her, mit welchen Worten ich es dem König beibringen sollte. Dann holte ich tief Luft und ging zu Herodes. Dieser hatte eben sein Mittagsschläfchen beendet.

Mein erster Satz war noch nicht zu Ende gesprochen, da war der König hellwach. „Ein neugeborener König der Juden?", brauste er auf. „Wer behauptet das?" Da erzählte ich ihm von den weisen Sterndeutern, die aus dem Osten nach Jerusalem gekommen waren. „Und die suchen einen neugeborenen König?" Herodes konnte es nicht glauben. „Ja", antwortete ich vorsichtig. „Sie sagen, sie haben seinen Stern gesehen. Mehr weiß ich auch nicht." Herodes dachte laut: „Eines steht fest: In meinem Palast gibt es derzeit kein Baby. Sind diese Männer vielleicht irgendwelche Spinner?" Das hatte ich mir auch schon überlegt. Aber in der Regel waren Sterndeuter kluge Männer. Herodes sprach weiter vor sich her: „Haben die wirklich etwas in den Sternen gelesen? Kann es ein Königskind geben, von dem ich nichts weiß?" Darauf wusste ich keine Antworten. Aber mir war klar: Wenn die Sterndeuter Recht hätten, dann war die Macht von König Herodes in Gefahr.

„Geh, Diener", befahl mir der König schließlich. „Hol die Hohenpriester und Schriftgelehrten. Wenn es ein König der Juden sein soll, dann werden diese frommen Männer vielleicht mehr wissen." Von Religion hatte Herodes nämlich so gut wie keine Ahnung. Schnell verzog ich mich. Ich war froh, den Wutanfall des Königs überstanden zu haben.

***

Tatsächlich konnten die jüdischen Gelehrten dem König helfen. Auch ich lauschte gespannt: „Ja“, sagten sie, „unsere Heilige Schrift spricht von einem göttlichen Gesandten, dem Messias. Man könnte ihn für einen König halten. Er wird kommen und unser Volk befreien.“ Herodes wurde blass: „Wann und wo soll das geschehen?“, wollte er wissen. „In der Stadt Betlehem“, erklärte man ihm. „Schon der Prophet Micha sagte: ‚Du, Betlehem, bist keine unwichtige Stadt. Aus dir wird ein König kommen.‘ Aber wann dies geschehen soll, sagen unsere Propheten nicht.“ Herodes wurde immer blasser: „Können diese Sterndeuter diesen … diesen … Messias meinen?“ – „Schon möglich“, war die Antwort. Aber mehr konnten sie nicht sagen.
Herodes schickte die Gelehrten weg. Er wollte nachdenken. „Diener!“, rief er nach einer Weile. „Sind diese Fremden immer noch in der Stadt? Geh sie suchen und bringe sie her. Aber heimlich!“ Das Volk sollte nicht merken, dass er sich mit ihnen traf. Auf gar keinen Fall sollte Unruhe in Jerusalem entstehen.

Schon bald hatte ich die Sterndeuter gefunden. Ich richtete ihnen aus: „König Herodes will euch sehen.“ Die Fremden freuten sich über die Einladung in den königlichen Palast. Sie nahmen wohl an, das Ziel ihrer Reise erreicht zu haben. Sofort folgten sie mir und ich brachte sie zum König.

„Ah, da seid ihr ja!“, rief Herodes, als er sie sah. Neugierig guckten sich die Sterndeuter im Palast um. Dann fragten sie: „Wo ist denn das Kind?“ Herodes musste sie jedoch enttäuschen: Im Palast gab es keinen Säugling. Doch ganz umsonst war ihr Besuch bei Herodes nicht. Der König erklärte ihnen nämlich: „Ich habe mit meinen Gelehrten gesprochen. Diese erwähnten die Stadt Betlehem. Möglicherweise ist dies der Ort, den ihr sucht.“ Danach wollte Herodes auch etwas von den Fremden wissen: „Wann ist denn der Stern erschienen, dem ihr gefolgt seid?“ Nun war es an ihnen, alles zu erklären, was sie wussten. Eifrig zeigten sie auch die kostbaren Geschenke, die sie dem Kind bringen wollten: Gold, Weihrauch und Myrrhe.

Am Ende des Gesprächs sagte der alte König: „Geht und forscht sorgfältig nach, wo das Kind ist! Und wenn ihr es gefunden habt, kommt wieder nach Jerusalem und berichtet mir davon. Dann kann auch ich hingehen und mich vor ihm verneigen.“ Das versprachen ihm die weisen Männer und verabschiedeten sich dann.

Ich brachte sie nach draußen und hörte, wie sie leise miteinander redeten. Sie wunderten sich darüber, dass sich mein König so für das Kind interessierte: „Ist er gar nicht eifersüchtig oder um seine Macht besorgt?“

***

Das hatte mich auch gewundert, denn so friedlich kannte ich Herodes kaum. Als ich aber wieder zu ihm ging, merkte ich, dass alles nur ein Trick von ihm gewesen war. Herodes lachte schadenfroh, als ich ins Zimmer kam: „Na, Diener, wie habe ich das gemacht? Die haben wohl wirklich geglaubt, ich wolle mich vor diesem Kind verneigen. Das wäre ja noch schöner.

O nein! Wenn ich von ihnen erfahre, wo es ist, werde ich es töten lassen! Ich werde keinen zweiten König neben mir dulden!“ Ungeduldig rechnete Herodes sich aus, wie lange die Reise der Fremden von Jerusalem nach Betlehem und zurück wohl dauern würde. Als diese Zeit vorbei war, wurde er mit jedem Tag nervöser und ärgerlicher. Keiner konnte ihm irgendetwas recht machen. Wegen einer Kleinigkeit konnte er einen Wutanfall bekommen – wenn das Essen zu salzig, das Badewasser zu kalt oder der Fußboden zu staubig war. „Wo bleiben bloß diese Sterndeuter? Sie müssen das Kind doch inzwischen gefunden haben!“, donnerte er.

Erst viele Jahre später erfuhr ich, warum die Fremden nicht wiederkamen: Sie hatten tatsächlich das Kind in Betlehem gefunden. Sie hatten sich auf die Erde geworfen wie vor einem König und ihre Geschenke überreicht. Aber danach machten sie einen großen Bogen um Jerusalem und den König Herodes. Dies war ihnen im Traum befohlen worden. Und deshalb sahen wir sie nicht wieder.

Als Herodes nach einer Weile klar wurde, dass die Weisen nicht wiederkommen würden, malte er sich in seiner Wut wilde Bestrafungen aus: „Die Sterndeuter sollen dafür büßen, dass sie gegen meinen Auftrag gehandelt haben! Ich werde dieses Königskind notfalls auch ohne sie zu fassen kriegen. Und wenn ich dafür alle kleinen Jungen in Betlehem umbringen muss!"

Nach Matthäus 2,1–8.16

Begegnung im Tempel

„Jakob, begleitest du mich zum Tempel?", hörte ich eine Stimme hinter mir. Es war Simeon, unser Nachbar. „Ja, ich habe gerade nichts anderes vor", antwortete ich. Und sogleich gingen wir los. Ich mochte den alten Mann. Meine Freunde fragten manchmal: „Was hast du mit dem Alten? Komm doch mit uns spielen!" Aber Simeon war für mich wie ein Großvater. Ich konnte ihm von meinen Problemen erzählen und er erzählte mir Geschichten.

Viele Geschichten handelten von Gott und seinem Messias. „Wer ist der Messias?", hatte ich ihn schon oft gefragt. Und er erklärte es mir immer wieder in neuen Worten. An diesem Tag sagte er es so: „Wenn Gott den Messias zur Erde sendet, wird alles besser. Dann gibt es keinen Krieg und keinen Streit mehr, keine Krankheiten und keinen Hunger." Ich stellte mir vor, dass dieser Messias mit himmlischen Soldaten kommen würde. Vielleicht säße er auf einem starken weißen Pferd. „Wann kommt er denn?", fragte ich Simeon. „Tja, Jakob", antwortete er geduldig, „das weiß ich nicht. Das weiß keiner. Aber ich ahne, dass ich ihn noch sehen werde, bevor ich sterbe." Ich erschrak, als er so von seinem Sterben redete: Ich wollte gar nicht darüber nachdenken, dass Simeon eines Tages nicht mehr nebenan wohnen würde.

„Gibt es heute etwas Besonderes im Tempel?", fragte ich schnell, um vom Thema abzulenken. Doch Simeon schüttelte den Kopf. „Ich möchte beten." Das war so wie immer. Wie immer ließ ich ihn alleine nach vorne gehen, um sein Gebet nicht zu stören. Und wie immer kam er irgendwann zurück und wir betrachteten gemeinsam die vielen Menschen, die dort

waren. Sie kamen von überall her. Da waren Männer und Frauen, Junge und Alte. Es kamen auch Familien mit Babys, um Gott für die Geburt zu danken.
Auch an diesem Tag sah ich einen Mann und eine junge Frau mit einem Baby. Die Eltern opferten gerade zwei Tauben. Also war das Baby ein Junge. Die Bibel schrieb nämlich vor, ein Opfer für den ersten Sohn einer Familie zu bringen.
Jetzt blickte auch Simeon in die Richtung dieser Familie. Und auf einmal ging ein Ruck durch ihn. Er legte seine Hand auf meine Schulter. „Jakob", flüsterte er. „Jetzt ist es so weit. Der Messias ist da." Hatte ich etwas verpasst? Wo sollte denn hier der Retter sein? Ich sah nur Leute, wie sie sonst auch in den Tempel kamen. Der alte Mann zeigte auf das Kind. „Dieses Baby?", fragte ich ungläubig. „Der kleine Junge dort?" Simeon nickte und ich spürte, dass er sich ganz sicher war. Sein Gesicht strahlte.
Sofort ging Simeon zu den Eltern mit dem kleinen Jungen. „Darf ich euer Kind einmal halten?", fragte er sie. Und die überraschte Mutter gab es ihm. Er nahm das Kind vorsichtig auf den Arm und lobte Gott, indem er sagte: „Nun kann ich, dein Diener, in Frieden sterben, Herr. Denn ich habe mit eigenen Augen gesehen, dass du dein Versprechen gehalten hast. Dein Heil ist zu uns und zu allen Menschen gekommen. Du hast ein Licht angezündet, um dein Volk Israel und die ganze Welt hell zu machen." Bei diesen Worten hatte der alte Mann Tränen in den Augen.

Ich staunte über seine Rede. Und auch die Eltern des Babys schienen sehr verwundert über die Worte. Simeon bemerkte es. Deshalb segnete er sie und sagte zu der jungen Mutter: „Wenn dein Sohn erwachsen sein wird, werden sich viele über seine Worte und Taten ärgern. Aber er wird auch viele aus ihrer Not retten. Er wird Freunde und Feinde haben. Und für dich selber wird es so schmerzhaft sein, als würde sich ein Schwert in dein Herz bohren." Er blickte noch einmal zärtlich auf den kleinen Jungen und gab ihn dann zurück in die Arme der Mutter.
Da fragte ich die Mutter: „Wie heißt denn dein Sohn eigentlich?" Die Frau schaute mich freundlich an und antwortete: „Er heißt Jesus!"
Kaum hatte sie zu Ende gesprochen, kam eine alte Frau hinzu. Ich hatte sie schon oft gesehen, wenn ich mit Simeon im Tempel war. Ihr Name war Hanna. „Sie ist eine Prophetin", sagte Simeon voller Respekt über sie. Allerdings glaubte ich, dass auch Simeon selber ein Prophet war. Wieso wusste er sonst so viel über dieses Baby?
„Gott im Himmel, ich lobe dich!", rief Hanna nun laut. Sanft streichelte sie die Wange des kleinen Jungen. Dann guckte sie uns an und sagte: „Nun ist der Retter auf die Welt gekommen."
An jenem Tag blieben wir länger im Tempel als sonst. Simeon konnte nicht aufhören, Gott zu loben. Und ich konnte nicht aufhören, mich zu wundern. Wie sollte denn dieses kleine Kind den Menschen Frieden bringen? Simeon strich mir über den Kopf: „Jakob, ich verstehe, dass du dich wunderst. Ich staune ja auch. Gott handelt nun einmal ganz anders, als wir Menschen es uns ausmalen." Darüber musste ich erst einmal nachdenken.

Nach Lukas 2,22–39

Ein ungewöhnlicher Junge

Nur selten kommt es vor, dass ein Kind alleine im Tempel ist. Schon deshalb fiel der Junge mir gleich auf. Er war etwas älter als ich, vielleicht zwölf Jahre alt. Mir schien, er gehörte zu einer der Gruppen, die beim großen Pessach-Fest zum Tempel gekommen waren. Zu diesem Fest kommen immer Gläubige von überall her. Und vorher hatte ich den Jungen noch nicht gesehen. Jetzt war das Fest vorbei und die meisten Menschen waren wieder nach Hause gegangen. Doch der Junge war immer noch da. Es schien aber kein Erwachsener zu ihm zu gehören.

Ich selber bin fast täglich hier. Mein Vater arbeitet in diesem Bezirk. Er ist ein Geldwechsler. Wenn die Leute die Tempelsteuer bezahlen wollen, kommen sie zu ihm und tauschen ihr Geld gegen die Münzen, welche für die Tempelsteuer gültig sind. Denn man kann die Steuer nur mit bestimmten Münzen bezahlen.

Mein Vater ist aber nicht der einzige Geldwechsler. Deshalb komme ich häufig mit und mache Werbung für meinen Vater. Ich spreche die Wallfahrer an, ob sie wechseln wollen. „Ich zeige Ihnen, wo Sie tauschen können!“, sage ich und führe sie dann zu Vater. Das ist meine Aufgabe. Später will ich selber als Wechsler arbeiten. Man lernt dabei viele Menschen aus unterschiedlichen Gegenden kennen. Das gefällt mir.

***

Erst dachte ich, ich frage den Jungen mal, ob er mit mir spielen will, aber dann traute ich mich nicht.

Ich sah ihn nämlich nie spielen. Stattdessen saß er immer bei den Lehrern. Das wäre mir ja zu langweilig! Er aber schien es spannend zu finden. Ich hörte auch, dass er ihnen Fragen stellte. Zwar habe ich keine Ahnung, ob dies dumme oder kluge Fragen waren, aber die Lehrer antworteten immer sehr ernsthaft. Das war etwas Besonderes, denn die meisten Erwachsenen nehmen uns Kinder nicht für voll.

Der Junge sprach mit den Lehrern über Gott. Leider kann ich nicht mehr sagen, über was genau sie redeten. Ich kam ja bei meiner Suche nach Kunden für meinen Vater immer nur kurz an der Gruppe vorbei und hörte nur wenige Sätze. Außerdem war das alles viel zu schwierig für mich. Aber es schien mir, als rede der Junge gar nicht furchtsam über Gott, den Schöpfer des Himmels und der Erde. Im Gegenteil: Seine Stimme klang geradezu zärtlich. So sprechen die Erwachsenen, die ich kenne, eigentlich nie über Gott.

Übrigens war ich nicht der Einzige, der sich über den Jungen wunderte. Auch viele Erwachsene blieben stehen und lauschten den Gesprächen. „Hört euch bloß an, wie er redet!", sagten sie. Manche meinten das lästerlich, andere staunend. Selbst mein Vater gab zu, dass er so etwas noch nie erlebt hatte. Und der arbeitet schon lange im Tempel.

So ging es etwa drei Tage lang. Dann hörte ich auf einmal ein lautes „Jesus, hier steckst du also!" Ich lief gleich hinüber, um alles mitzubekommen. Dort standen ein Mann und eine Frau bei dem Jungen. Das waren wohl seine Eltern. Ob sie nun schimpfen würden? Aber die beiden sahen erst einmal sehr erleichtert aus. Wahrscheinlich hatten sie ihren Sohn längere Zeit gesucht und sich furchtbar viele Sorgen gemacht. Da sagte die Mutter: „Kind, wie konntest du uns das antun? Dein Vater und ich haben dich voll Angst gesucht." Ich wollte lieber nicht in seiner Haut stecken. Mein Vater würde garantiert einen ganz schönen Ärger machen.

Doch ich wunderte mich erneut über den Jungen. Er schaute den Eltern nämlich ganz furchtlos und offen ins Gesicht und sagte: „Warum habt ihr mich gesucht? Wusstet ihr nicht, dass ich in dem Haus sein muss, das meinem Vater gehört?" Was meinte er denn damit? Der Tempel ist doch das Haus Gottes, er gehört Gott selber! Auch seine Eltern machten ratlose Gesichter. Eine weitere Diskussion gab es jedoch nicht, sondern der Junge ging mit ihnen weg. Ich nehme an, sie zogen dann nach Hause.

***

Das ist jetzt drei Wochen her. Der Junge geht mir nicht aus dem Sinn. Er fragte so viel und redete so interessant. Er schien etwas über Gott zu wissen, was mir noch niemand gesagt hatte. Und er war ganz ohne Furcht. Das faszinierte mich. Woher nahm er diese Kraft? Und ich frage mich: Wie wird es mit seinem Leben weitergehen? Ob wir von ihm noch etwas hören werden, wenn er älter ist? Wie hatte seine Mutter ihn genannt? Jesus? Diesen Namen muss ich mir unbedingt merken!

Nach Lukas 2,41–51

„Mein geliebter Sohn“

Obwohl ich gar nicht alles verstand, was dieser Mann sagte, fand ich es immer wieder spannend, zu ihm in die Wüste zu gehen. Meine Eltern hatten nichts dagegen, wenn ich dorthin ging. Der Weg war nicht gefährlich, und außerdem waren immer viele Leute dort. Denn ich war nicht der Einzige, der diesen Mann interessant fand.

Johannes hieß dieser faszinierende Mann und er kam mir schon etwas merkwürdig vor. Er trug ein Gewand aus Kamelhaaren, das er mit einem Gürtel zusammenhielt. Es hieß, er aß nur Heuschrecken und wilden Honig. Ob das stimmte, wusste ich nicht. Aber dort in der Wüste, wo Johannes lebte, gab es ja auch nicht viel Auswahl. Ich selber hatte noch nie eine Heuschrecke gegessen und wusste nicht, wie die schmeckten. Vater sagte: „Gott erlaubt, dass man Heuschrecken isst.“ Also sprach nichts dagegen.

An manchen Tagen predigte Johannes nur. Wenn die Eltern abends fragten: „Was hat Johannes denn heute gesagt?“, konnte ich allerdings nur wenig wiederholen. Es waren wirklich keine Predigten für Kinder. Eines aber verstand ich, denn Johannes sagte es immer wieder: „Ändert euer Leben! Werdet bessere Menschen! Denn das Himmelreich ist nahe!“

Obwohl ich nicht so viel verstand, war es oft lustig, dem Prediger zuzuhören. Denn er konnte heftig schimpfen. Er hatte keine Angst vor wichtigen Menschen. Im Gegenteil: Denen sagte er ganz schön die Meinung. „Ihr Schlangen“, sagte er einmal. „Wieso bildet ihr euch ein, dass ihr ins Himmelreich kommt? Dafür müsst ihr euer Leben ändern und gute Werke tun.“

Die meisten Menschen nickten, als Johannes das sagte. Als ich aber abends mit meiner Schwester stritt und „Du Schlange!" zu ihr sagte, da nickte keiner. Die Mutter schimpfte mit mir: „Solche Worte will ich hier nicht hören, Benjamin!" Das fand ich ungerecht. Fast hätte ich gesagt: „Johannes hat das aber auch gesagt!" Doch dann hielt ich lieber den Mund. Ich dachte mir: Vielleicht verbietet mir die Mutter dann, in die Wüste zu gehen. Und das wäre schade.

Denn Johannes war nicht nur ein Redner. Er taufte die Menschen auch. Deshalb wurde er „der Täufer" genannt. Jeder Mensch, der zu ihm kam und seine schlechten Taten bereute, konnte sich taufen lassen. Johannes stellte sich in den Fluss und tauchte den Täufling kurz in das Wasser des Jordan. Froh gingen die Menschen danach nach Hause.

Johannes selber nahm sich gar nicht so wichtig. Auch seine Taufe war für ihn gar nicht das Entscheidende. Er sagte: „Ich taufe euch ja nur mit Wasser. Aber nach mir kommt einer, der ist viel stärker und wichtiger als ich. Er wird euch mit Heiligem Geist und mit Feuer taufen." – „Von wem spricht er denn?", fragte ich den Mann, der neben mir stand. „Ich weiß es auch nicht", erwiderte der Mann. Das machte mich neugierig. Auch deshalb ging ich weiterhin zum Jordan, wenn ich Zeit hatte.

Und dann, eines Tages, wurde meine Frage beantwortet. Von jenem Tag an wusste ich, wen Johannes meinte. Und das kam so: Wie üblich hatte Johannes gepredigt und wie üblich kamen mehrere Menschen ans Flussufer, um sich von ihm taufen zu lassen. Sie bildeten eine Reihe. Johannes stand im Wasser, sprach kurz mit den Leuten und taufte sie dann. Danach ging der Getaufte weg und der Nächste trat zu Johannes. Es waren ganz unterschiedliche Leute. Manche von ihnen hatte ich früher schon gesehen. Doch da stand ein Mann in der Reihe und

wartete, den ich noch nie hier am Jordan gesehen hatte. Ich schätzte, er war ungefähr so alt wie mein Vater, also dreißig Jahre alt.
Als dieser Mann an der Reihe war, sah Johannes ihn an und machte einen Schritt rückwärts. Er schien ihn zu kennen. Abwehrend hob er die rechte Hand. „Was hat er bloß?“, fragte ich mich. Der fremde Mann blieb bei Johannes stehen und wartete auf seine Taufe. Da sagte der Täufer: „Ich müsste von dir getauft werden, und du kommst zu mir?“ Durch diese Worte wurde mir klar, dass dies der Mann war, von dem Johannes gesprochen hatte. Der Mann, der wichtiger war als Johannes. Ich hörte dessen Antwort: „Lass mich. So ist es gut. Wir sollen beide das tun, was Gott von uns wünscht.“ Da gab Johannes nach und taufte den Mann im Jordan, so wie vorher die anderen Menschen.
Gerade in dem Moment, als der Mann wieder ans Ufer stieg, wurde der Himmel ganz hell und ich sah etwas auf den Mann herabkommen. Es sah aus wie eine Taube. Und es kam mir so vor, als würde eine Stimme aus dem Himmel sprechen. Die Stimme sagte: „Dies ist mein geliebter Sohn. An ihm habe ich Freude.“ Ich war verwirrt: „Hast du das auch gehört?“, fragte ich jemanden neben mir. Die Frau nickte erstaunt. „Weißt du, wer das ist?“, wollte ich von ihr wissen. „Ja“, antwortete die Frau. „Und deshalb bin ich so überrascht. Dieser Mann und seine Eltern leben ganz in meiner Nähe. In Nazaret. Aber Johannes scheint mehr über ihn zu wissen als wir.“ Schließlich hatte ich noch eine letzte Frage: „Weißt du denn, wie er heißt?“ – „Ja“, war die Antwort, „sein Name ist Jesus.“

Nach Matthäus 3

„Kommt und seht!“

Geschwister können reichlich anstrengend sein, manche wenigstens. Mein Bruder Simon zum Beispiel. Der kann manchmal richtig laut werden. Und stur ist er auch. Als Kind konnte mich das verrückt machen. Immer musste Simon auffallen, immer stand er im Mittelpunkt. Als Bruder fühlte ich mich für ihn verantwortlich, aber oft war ich machtlos. Der redete schneller, als man denken konnte. Und oft redete er auch schneller, als er selber dachte. Dann bereute er es später heftig und tat mir schon wieder leid. Ich muss zugeben, manchmal bewunderte ich ihn auch, denn es passierte, dass er Dinge ansprach, die sich kein anderer traute.

Als wir erwachsen wurden und gemeinsam als Fischer für unsere Familien sorgten, verstanden wir uns besser. Da hatten wir auch Gespräche über schwierige Themen, zum Beispiel über Gott: Ob der allmächtige Gott wohl bald einen Retter schicken würde? Ob der Herr uns überhaupt noch liebte?

Es gab da einen Propheten mit Namen Johannes. Der predigte in der Wüste und sprach von einem neuen Anfang und von Gottes Gericht, aber auch vom Heil. Ich hörte ihm gerne zu und war oft bei ihm am Ufer des Jordan, wenn ich nicht arbeiten musste. Insgeheim fragte ich mich, ob nicht er selber der Messias, dieser Retter, sei. Andere wagten es, ihm diese Frage direkt zu stellen, aber er antwortete: „Nein, nein, ich bin nicht der Messias. Ich bin nur der, der dem Messias den Weg bereitet. Es kommt aber einer, der viel größer und wichtiger ist als ich. Und ich bin für diesen noch nicht einmal als Sklave zu gebrauchen.“

***

Letztens passierte etwas Eigenartiges. Ich war nach der Arbeit wieder zu Johannes gegangen, um seiner Predigt zuzuhören. Plötzlich wies er auf einen Mann und sagte: „Seht das Lamm Gottes, das die Sünde der Welt hinwegnimmt.“ Das verstand ich nicht: Wie kann ein Mensch unsere Sünden wegnehmen? Das kann doch nur Gott! Außerdem sah dieser Mann gar nicht wie ein göttlicher Retter aus. Aber Johannes war sich sicher: „Er ist der Sohn Gottes.“ Nachdenklich ging ich nach Hause. Ich musste eine Nacht darüber schlafen.

Am nächsten Tag ging ich wieder zum Jordan. Auch dieser Mann – inzwischen hatte ich erfahren, dass er Jesus hieß – war dort. Da sagte Johannes wieder: „Seht das Lamm Gottes.“ Und es klingt vielleicht komisch, aber irgendetwas in mir sagte: „Johannes hat Recht!“

Um mehr über ihn herauszufinden, beschloss ich mit einem Bekannten, diesem Jesus zu folgen. Es war uns etwas peinlich, einfach hinter ihm herzulaufen, aber wir waren entschlossen. Als Jesus uns bemerkte, drehte er sich um und fragte: „Was sucht ihr?“ Uns fiel nichts Besseres ein, als selber etwas zu fragen: „Wo wohnst du?“ Und er sagte einfach: „Kommt und seht!“

So gingen wir mit ihm und verbrachten den Tag mit ihm. Er erzählte uns viel von Gott, den er Vater nannte. Das berührte mich sehr.

Es steckte noch mehr dahinter als hinter den Reden des Johannes. Es wirkte irgendwie noch echter, so, als würde er Gott wirklich gut kennen. Ich hatte den Eindruck: Wenn ich diesen Mann noch besser verstehen könnte, noch mehr von ihm lernen könnte, dann würde sich mein Leben ändern. Und wenn es allen so ging, würde sich das Leben in Israel überhaupt verändern. War das die Rettung, um die es eigentlich ging?
Als wir uns verabschiedeten, war ich sehr froh und aufgeregt. Und kaum traf ich meinen Bruder, sprudelte es aus mir heraus: „Wir haben den Messias gesehen!" Simon glaubte mir nicht – wie typisch für ihn. Deshalb gingen wir gemeinsam zurück. Noch bevor wir etwas gesagt hatten, blickte Jesus ihn an und sagte: „Du bist Simon." Das war merkwürdig. Woher wusste er seinen Namen? Und was er dann sagte, war noch merkwürdiger: „Du sollst Petrus heißen, das bedeutet: der Fels." Es klang feierlich, so, als habe er etwas Besonderes mit Simon vor. Das fand ich ungerecht, denn schließlich hatte ich Jesus zuerst getroffen und Simon dann zu ihm gebracht. Und nun stand mein Bruderherz gleich wieder im Mittelpunkt.
Aber andererseits dachte ich: Einen besonderen Auftrag von Jesus, dem Messias, zu bekommen, ist etwas sehr Ernstes, vielleicht auch Schweres. Ich traute mir das selber gar nicht zu. Da hatte Jesus mit Simon den Passenderen von uns beiden gewählt.
Auf jeden Fall beschloss ich, mit Jesus zu gehen. Er sagte: „Ich will durch die Dörfer ziehen und den Menschen eine frohe Nachricht bringen. Gehst du mit, Andreas?" Ja, das wollte ich. Und ich fragte mich: „Ob auch die anderen Menschen erkennen werden, dass Jesus unser Retter ist?"

Nach Johannes 1,19–42

Ein wunderbares Fest

Endlich war der große Tag da: die Hochzeit meiner Schwester. Ich hatte mich schon lange darauf gefreut, denn zu einer Hochzeit gehörte ein fröhliches Fest mit vielen Gästen und leckerem Essen, mit Musik und Tanz. Die ganze Verwandtschaft war eingeladen und alle Nachbarn. Dazu noch einige Leute, die nicht aus Kana kamen.

Meine Schwester sah wunderschön aus, und auch der Bräutigam trug Festgewänder. Alle waren fröhlich und mir gefiel es, mal hierhin und mal dahin zu laufen. Besonders gerne war ich in der Küche zum Naschen. Keiner war mir deswegen böse, schließlich war ich ja die kleine Schwester der Braut.

Als ich wieder einmal in die Küche schlich, sah ich in trübe Gesichter: Einige Diener standen zusammen und redeten aufgeregt: „Wir haben keinen Wein mehr! Was sollen wir jetzt machen? Das Fest ist doch noch lange nicht zu Ende!"

Ich ging wieder nach draußen. Dort traf ich auf unsere Bekannte Maria aus Nazaret. Sie hatte wohl auch etwas aus der Küche gehört, denn sie sagte gerade zu Jesus, ihrem Sohn: „Sie haben keinen Wein mehr!" Jesus runzelte die Stirn. Sicher fand er es peinlich, dass das Fest so schlecht vorbereitet war. Aber seine Antwort zeigte, dass er die Stirn wegen seiner Mutter runzelte. Ziemlich grob sagte er zu ihr: „Was willst du von mir, Frau? Es ist noch nicht so weit!"

Schnell ging ich weiter. Ich lief zum Eingang, um zu sehen, ob noch weitere Gäste kamen. Dort standen sechs große Krüge mit Wasser, an denen sich die Gäste waschen konnten. Einige Diener warteten daneben, falls jemand Hilfe bräuchte. „Hallo,

Schwester der Braut!", begrüßte mich einer der Diener. Und wir redeten ein wenig über die schöne Hochzeit.
Nach kurzer Zeit wurden wir aber von Maria unterbrochen. Sie kam ohne Jesus und sagte nur knapp zu den Dienern: „Macht, was Jesus euch sagt!" Die Diener blickten sie fragend an. Ich verstand auch nicht, wieso sie das sagte. Aber ohne ein weiteres Wort ging sie in den Festsaal zurück. Dort wurde die Stimmung allmählich unruhig. Ob die ersten Gäste bemerkt hatten, dass es keinen Wein mehr gab? Es tat mir so leid für meine Schwester! Würde ihre Hochzeit so unerfreulich enden?
In diesem Moment kam Jesus zu uns an den Eingang. Er sagte zu den Dienern: „Füllt diese Krüge mit Wasser!" Die Diener erinnerten sich an Marias Worte und machten, was Jesus sagte: Sie füllten die sechs großen Krüge bis zum Rand mit frischem Wasser. Als Nächstes sagte Jesus zu ihnen: „Nehmt etwas von dem Wasser und bringt es dem Speisemeister, der für das Festessen verantwortlich ist!" Man sah den Dienern zwar an, dass sie diesen Auftrag seltsam fanden, aber sie besorgten eine Schöpfkelle und brachten dem Speisemeister etwas von dem Wasser. Um nichts zu verpassen, ging ich mit. Was würde er wohl zu dem Wasser sagen?
Er sagte: „Das ist ja köstlich! Wo kommt denn dieser Wein her?" Hatte er „Wein" gesagt? Ich flüsterte: „Aber das war doch eben noch Wasser!" Er hörte mich aber nicht, sondern schickte die Diener weg: „Holt sofort den Bräutigam!"
Als der Mann meiner Schwester kam, sagte der Speisemeister vorwurfsvoll zu ihm: „Jeder Gastgeber gibt seinen Gästen zuerst den guten Wein. Und erst, wenn alle schon viel getrunken haben, holt er den weniger guten. Wieso hast du es umgekehrt gemacht? Wieso hast du diesen guten Wein bis jetzt aufbewahrt? Er ist viel besser als der, den du uns am Anfang für

die Gäste gegeben hast."
Der Bräutigam wusste nicht, was er dazu sagen sollte. Aber ich wusste Bescheid und beschrieb alles, was ich gehört und gesehen hatte.
So wurde die Hochzeit meiner Schwester doch noch ein wundervolles Fest bis tief in die Nacht. Und alle, die das Wunder mitbekommen hatten, staunten über Jesus aus Nazaret, der Wasser in Wein verwandelt hatte.

Nach Johannes 2,1–11

Mein toller Onkel

Mein Onkel war ein frommer Mann. Ich konnte viel von ihm lernen. Nie vergaß er eine Regel aus der Heiligen Schrift. Er ging oft zum Beten in die Synagoge, unser Gotteshaus. Er gab auch Spenden für die Armen. Einmal erzählte er mir: „Sarah, heute sah ich einen Bettler am Stadttor und gab ihm einige Münzen." War das nicht toll von ihm? Er war so ein guter Mensch.

Außerdem fastete er regelmäßig. Dann aß und trank er nichts. Er machte ein ernstes Gesicht und ging geschwächt durch die Stadt. Ich bewunderte ihn für seinen großen Glauben. Bestimmt mochte Gott ihn deswegen besonders gerne. Aber was würde Gott wohl von meinen Eltern halten? Die waren ganz anders.

„Joel", sagte mein Onkel zu meinem Vater, „willst du mit mir fasten?" Aber Vater winkte ab: „Wir sind mitten in der Ernte – ich brauche meine Kraft! Ich muss etwas essen." Der Onkel runzelte die Stirn und ging. Aber abends nach der Arbeit verzichtete Vater aufs Abendessen. „Warum isst du nichts?", fragte ich ihn. „Das ist meine Sache, Sarah", antwortete er bloß. Ob er doch fastete? Aber er machte gar kein trauriges Gesicht.

„Dana", sagte mein Onkel zu meiner Mutter, „komm doch mit zum Gebet in die Synagoge!" Mutter stimmte zu. Doch dann bekam mein kleiner Bruder plötzlich Fieber und sie blieb mit ihm zu Hause. Von draußen hörte ich, wie sie ihm vorsang: Es waren Psalmen, die alten Lieder und Gebete unseres Königs David. Mein Onkel kam aus der Synagoge und tadelte die Mutter: „Wieso bist du nicht gekommen? Sarah hätte doch auf den Kleinen aufpassen können. Ist dir das Gebet nicht wichtig?" Mutter sagte nichts. „Aber sie hat doch gebetet", wollte ich sagen, „sie hat zu Hause Psalmen gesungen." Aber ich traute mich nicht. Der strenge Onkel mochte es nicht, wenn man ihm widersprach. Und dann dachte ich: „Der Onkel hat ja bestimmt Recht. Gott wünscht sicher, dass man in die Synagoge geht. Mein Onkel kennt sich schließlich aus in den Gesetzen unserer Religion." Ich verstand zwar nicht, wieso das Gebet zu Hause weniger zählte, aber ich war eben nur ein Kind.

***

Ein Mann zog durchs Land und predigte vom Reich Gottes. Er hieß Jesus. Auch meine Eltern hatten von ihm gehört und waren neugierig geworden. Sie wollten ihn anhören. „Kommst du mit?", fragten sie meinen Onkel. Aber der schüttelte den Kopf: „Ich glaube nicht, dass dies ein Mann Gottes ist. Seine Jünger fasten nicht, und einmal hat er am Feiertag eine Frau geheilt, obwohl das verboten ist. Was soll ich von dem lernen? Ich kenne wohl die Gebote besser als er."
So gingen wir alleine. Besser gesagt: Wir gingen ohne meinen Onkel. Alleine waren wir ganz und gar nicht. Außer uns kamen noch so viele andere Leute, dass wir diesen Jesus erst gar nicht sehen konnten. Doch dann stieg er auf einen kleinen Berg. Jetzt konnte jeder ihn sehen. Er begann, von Gott zu sprechen. Meine Eltern hörten aufmerksam zu. Gott war ihnen wichtig. Sie waren nur leider nicht so fromm wie der Onkel.
Jesus begann über Spenden an arme Leute zu sprechen: „Wenn du Geld verschenkst …" Da konnte er ja gleich meinen Onkel als gutes Vorbild hinstellen. Aber was sagte er da? „… erzähle es nicht überall herum, wie es manche Leute tun, um von anderen gelobt zu werden." Damit meinte er doch sicher nicht den Onkel, oder? Nein, der erzählte es ja nicht, um gelobt zu

werden, sondern nur so nebenbei. Jesus fuhr fort: „Wenn du Spenden gibst, soll deine linke Hand nicht wissen, was deine rechte Hand tut. Deine Spende soll versteckt bleiben und Gott, dein Vater, wird dich dafür belohnen. Er sieht nämlich auch das Versteckte."

Dann wechselte Jesus das Thema und sprach übers Beten. Allerdings kam es mir wieder so vor, als redete er über meinen Onkel. Aber nicht so bewundernd, wie ich es tat: „Wenn ihr betet, macht es nicht wie die Leute, die sich für etwas Besseres halten. Sie stellen sich beim Beten gerne in die Synagogen, damit sie von den Leuten gesehen werden. Du aber geh in dein Zimmer, wenn du betest, und bete zu Gott, deinem Vater! Er ist dort bei dir." Mir fiel wieder ein, wie meine Mutter zu Hause die Lieder und Gebete sang. Dort, wo niemand sie sah. Ich hörte es ja nur zufällig. Wenn Jesus Recht hatte, hatte sie genau damit Gott gefallen. Dabei hatte der Onkel noch mit ihr geschimpft. Aber konnte es denn wirklich sein, dass mein frommer Onkel ein Mann war, der sich bloß für etwas Besseres hielt? Er fastete doch außerdem!

Aber als hätte er meine Gedanken gelesen, erklärte Jesus nun etwas zum Fasten: „Wenn ihr fastet, macht kein trauriges Gesicht wie die Angeber. Sie wollen elend aussehen, damit die Leute merken, dass sie fasten. Du aber kämme dein Haar und wasche dein Gesicht, wenn du fastest, damit die Leute nicht merken, dass du fastest. Nur Gott, dein Vater, soll es sehen. Und er wird dich dafür belohnen, denn er sieht auch das Versteckte." Ich war endgültig verwirrt. Mein toller Onkel – ein Angeber, der sich für etwas Besseres hielt? So hatte ich sein Verhalten noch nie betrachtet. Ich sah meine Eltern an. Vielleicht hatte ich mich geirrt. Vielleicht waren sie viel frommer, als ich dachte. Der himmlische Vater, von dem Jesus sprach, dachte möglicherweise viel besser von meinen Eltern, als mein Onkel von ihnen dachte. Vielleicht konnte ich von meinen Eltern mehr lernen als von meinem Onkel.

Matthäus 6,1–6.16–18

Aufs Dach gestiegen

Es war vielleicht die letzte Chance! Seit mein Bruder Jonathan plötzlich nicht mehr laufen konnte, hatte unsere Familie alles versucht: Ärzte besucht, eine Wallfahrt zum Tempel nach Jerusalem gemacht, Opfer gebracht, Salben gekauft: Aber nichts hatte geholfen. Mein Bruder war mit der Zeit immer stiller und trauriger geworden. Irgendwann wollte er einfach nur noch in Ruhe gelassen werden. „Es gibt da einen Arzt, von dem mir jemand erzählt hat ...“, begann Vater. Aber der Gelähmte wollte nichts mehr davon hören. Er rief bitter: „Wie oft sind denn meine Hoffnungen schon enttäuscht worden? Wie viel Geld haben wir schon für Ärzte ausgegeben? Ich will das alles nicht mehr. Gott will wohl nicht, dass ich laufen kann.“ Meine beiden anderen Brüder und ich wussten nicht recht, was wir dazu sagen sollten. Und meine Eltern? Die Mutter war verzweifelt. Der Vater war ärgerlich. Es tat uns allen weh, Jonathan so leidend zu sehen, aber wir wussten keinen Rat und keine Hilfe mehr.

Im Dorf erzählten die Leute von einem Prediger, der durchs Land zog. Jesus war sein Name und er kam aus Nazaret. Er rief die Menschen dazu auf, ihr Leben zu ändern und für Gott zu leben. Auch sprach er von der Liebe Gottes. Wir hörten außerdem von Heilungen: Blinde konnten wieder sehen und Taube wieder hören, Lahme tanzten vor Freude und Stumme sangen Lieder.

„Dieser Jesus scheint ein Gesandter Gottes zu sein“, vermutete Jonathan. Je mehr er über Jesus hörte, desto größer wurde bei ihm die Hoffnung, dass dieser besondere Gottesmann ihm vielleicht helfen könnte. Zwar hatte er nicht die Hoffnung, wieder gesund zu werden. Aber er würde so gerne verstehen, was Gott von ihm wünschte. Er wollte wissen, warum er nicht mehr laufen konnte. Er wollte nicht immer so traurig und bitter sein. Und deshalb fragte er die Brüder eines Tages: „Würdet ihr mich zu dem Haus tragen, in dem Jesus aus Nazaret predigt? Ich möchte ihm gerne zuhören." Wir freuten uns über Jonathans Entscheidung. Unsere Brüder unterbrachen sofort ihre Arbeit, holten die Tragbahre und legten den kranken Bruder darauf. Einer trug vorne, der andere hinten. Und ich durfte auch mitgehen.

Auf dem Weg unterhielten wir uns über Jesus. Mein ältester Bruder fragte aufgeregt: „Jonathan, hast du auch gehört, dass Jesus Kranke heilen kann?" Jonathan winkte traurig ab: „Ja, das habe ich. Aber wieso sollte er mir helfen wollen? Wenn er von Gott gesandt ist, dann weiß er vielleicht, dass ich nicht mehr beten wollte, als das mit meinen Beinen passierte. Dann weiß er, wie bitter ich geworden bin." – „Aber was wünschst du dir denn von ihm?", fragte unser Bruder Micha. Jonathan antwortete: „Ich möchte Gott besser verstehen. Vielleicht kann Jesus mir dabei helfen. Er scheint Gott gut zu kennen." Mir war das aber zu wenig. Meine Hoffnung war viel größer. Daher fragte ich ganz offen: „Glaubst du denn nicht, dass er dich heilen kann? Dass du wieder laufen kannst? Also, Jonathan, ich glaube das!" Jonathan lächelte mich an: „Ach, Schwesterchen. Wenigstens glaube ich, dass er ein Mensch mit einer besonderen Liebe zu Gott ist. Vielleicht hat er auch eine göttliche Kraft. Aber wie gesagt …" Weiter kam er nicht, denn nun waren wir am Haus angelangt.

Allerdings waren wir nicht die Einzigen. Vor uns waren schon viele andere Menschen gekommen, um Jesus zu hören: Das Haus war völlig überfüllt. Niemand kam mehr zum Eingang hinein, so sehr die Leute auch drängelten. „Lasst uns mal durch!“, rief mein ältester Bruder. Aber keiner beachtete ihn. Meine großen Brüder guckten sich fragend an: „Was machen wir jetzt? Sollen wir wieder umkehren?“ Ich dachte, ich höre nicht recht. Das kam für mich gar nicht infrage: „Auf keinen Fall! Wir geben nicht auf, bevor Jonathan bei Jesus war.“ Schon kam mir eine Idee: „Können wir nicht mit der Bahre aufs Dach steigen? Dort decken wir einige Ziegel ab und ihr lasst Jonathans Bahre von oben ins Haus hinab!“ Der Älteste fand die Idee gar nicht dumm. Micha zögerte zuerst – er war immer etwas vorsichtig. Aber als er die Enttäuschung auf Jonathans Gesicht sah, stimmte er zu.

Und so machten wir es. Zuerst suchten wir vier Stricke. Im Hof fanden sich welche. Dann kletterten wir aufs Dach und deckten einige Ziegel ab. Nun konnten wir den Raum unten im Haus sehen. Dort saß Jesus umringt von vielen Zuhörern. Vorsichtig hoben die starken Brüder anschließend die Bahre mit Jonathan nach oben. Es war wackelig, aber sie schafften es. Dann nahmen sie die Stricke und befestigten an jeder Ecke einen. Dabei konnte ich wieder helfen. Und schließlich ließen sie die Bahre mithilfe der Stricke Stück für Stück durch das Dach hinunter in den Raum, in dem Jesus predigte. Meine Idee hatte funktioniert! Gespannt schaute ich durch das Loch im Dach auf die Menschen unter uns.

Als die Menschen unten im Raum bemerkten, was vor sich ging, wichen sie überrascht zurück. So entstand gleich vor Jesus ein wenig Platz für die Bahre. Jesus blickte Jonathan warmherzig an. Danach schaute er nach oben und lächelte auch uns dreien dort auf dem Dach zu. „Wie groß euer Glaube ist!“, sagte er zu uns. Dann drehte er sich wieder hin zur Bahre, blickte Jonathan gerade in die Augen und sagte: „Deine Sün-

den sind dir vergeben!“ Die Art, wie er das sagte, berührte mein Herz. Was für eine liebevolle Stimme! Und ich konnte erkennen, wie die tiefe Falte auf Jonathans Stirn verschwand. Er sah plötzlich gar nicht mehr so bitter und traurig aus wie in den letzten Monaten.

Doch nicht alle im Raum waren von Jesu Worten derart berührt. Einige Gelehrte tuschelten: „Wie kann er es wagen, so etwas zu sagen? Nur Gott kann Sünden vergeben! Wenn Jesus so etwas sagt, ist er selber ein Sünder!“ Jesus aber merkte, was sie dachten, und sagte zu ihnen: „Was habt ihr da bloß für Gedanken im Herzen? Was ist leichter? Zu sagen: ‚Deine Sünden sind dir vergeben!‘ –

Oder zu sagen: ‚Steh auf und geh umher!‘?“ Die Menschen um ihn herum hielten den Atem an. Auch wir auf dem Dach strengten uns an, um bloß kein Wort zu verpassen. Jesus fuhr fort: „Ihr sollt aber sehen, dass ich die Macht habe, hier auf der Erde Sünden zu vergeben!“

Er hockte sich neben Jonathans Bahre und sagte zu meinem gelähmten Bruder: „Steh auf, junger Mann, nimm deine Tragbahre und geh nach Hause!“ Und sofort konnte Jonathan aufstehen! Alle guckten ihn an und waren sprachlos. Er aber nahm die Tragbahre, auf der er gelegen hatte, und ging nach draußen. Niemand musste ihm helfen. Vor dem Haus rief er laut: „Ich kann wieder gehen! Gott, ich danke dir! Du bist wirklich ein guter Vater!“ Meine Brüder und ich kletterten vom Dach herunter, so schnell wir konnten. Unten fiel uns Jonathan voller Freude um den Hals. Dann gingen wir nach Hause zu unseren Eltern und feierten mit ihnen.

***

Das ganze Dorf sprach später von der Heilung unseres Bruders: „Er kann wieder laufen, weil Jesus ihm geholfen hat!“ Viele lobten Gott und jubelten. Andere waren völlig erschüttert und konnten es nicht fassen: „Wir haben etwas Unglaubliches gesehen!“

Dieser Tag hat unser Leben verändert. Von diesem Tag an glaubten wir an Jesus, den Heiland. Wir glaubten, dass er der Sohn Gottes war. Vor allem Jonathan bemühte sich, sein Leben zu ändern und so zu leben, wie Jesus es lehrte. Er hatte ja selber erlebt: Gott will Gutes für die Menschen.

Nach Lukas 5,17–26

Alle wurden satt

Eigentlich hatte der Tag ganz gewöhnlich begonnen. Das Schreien des Babys hatte mich und den Rest der Familie geweckt. Nach dem Frühstück half ich meinem Vater in dessen Töpferwerkstatt neben dem Wohnhaus. Auch das gehörte zu meinen täglichen Pflichten. Dies konnte manchmal ganz interessant sein: Vater erklärte mir etwas oder ließ mich etwas ausprobieren. An jenem Tag jedoch war es meine Aufgabe, die Werkstatt aufzuräumen und zu putzen. Wie öde!

Aber dann kam meine kleine Cousine um die Ecke gelaufen. „Hallo!“, rief sie, „Mama hat gehört, dass Jesus von Nazaret draußen vor dem Dorf ist. Sie will hingehen und ihm zuhören. Ich soll fragen, ob ihr mitkommt.“ Das war eine interessante Neuigkeit. Gehört hatten wir ja schon viel über diesen Prediger, der durchs Land wanderte. Es hieß, er könne Kranke heilen. Ob er das heute auch tun würde? Das würde ich gerne sehen! Ich blickte Vater an. Hoffentlich ließ er mich gehen! Der aber zeigte auf die Arbeiten, die noch zu vollenden waren. Schon spürte ich Enttäuschung in mir, doch da kam meine Mutter und sagte zu Papa: „Lass ihn mitgehen! Ich will auch dorthin. Etwas Abwechslung wäre doch schön!“ Da hatte ich Glück: „Na gut, meine Lieben. Dann arbeite ich alleine weiter“, meinte der Vater. „Ich werde schon nichts verpassen.“

Schnell ging Mutter noch einmal ins Haus und packte zwei Brote und einen getrockneten Fisch ein. „Wer weiß, wann wir nach Hause kommen. Vielleicht bekommt ja jemand Hunger.“ Und da kamen auch schon Tante, Onkel und deren Söhne um die Ecke. Die Tante lachte, als sie die Mutter sah: „Ich habe auch einen Vorrat mitgenommen: drei Brote und einen Fisch. Und nun lasst uns losgehen! Sonst verpassen wir noch etwas!“

***

Wir Kinder liefen voraus. Bald sahen wir die ersten Menschen. Und es wurden immer mehr! Mein Onkel schätzte, dass es ein paar Tausend Leute waren. Alle außer meinem Vater schienen neugierig zu sein. Man musste nur den vielen Menschen folgen, dann fand man zu Jesus. Dieser war auf einen kleinen Berg gestiegen, sodass alle ihn sehen konnten. Auch viele Kranke waren gekommen. Eine Heilung hatte es wohl noch nicht gegeben. Stattdessen erzählte Jesus von Gott, den er seinen Vater nannte. Das fand ich auf Dauer langweilig. „Mein Vater hat wohl tatsächlich nichts verpasst“, dachte ich enttäuscht und schubste einen meiner Cousins im Spaß. Darauf entstand eine wilde Verfolgungsjagd, an der sich auch bald andere Kinder beteiligten.

Der jüngste Cousin hatte dann als Erster Hunger. Sein Gejammer steckte uns an und wir suchten unsere Familie. Auch die Erwachsenen waren allmählich erschöpft vom Zuhören im Stehen. „Gut, dass wir etwas zu essen eingepackt haben“, meinte die Mutter. Sie wollte schon anfangen, uns Brot und Fisch zu geben. Doch plötzlich zögerte sie. Ich wurde ungeduldig: „Was ist denn? Mir knurrt der Magen!“ Mutter deutete auf die Kinder um uns herum: Die schienen auch Hunger zu haben. „Ich glaube, wir sind die Einzigen, die etwas zu essen dabeihaben", antwortete die Mutter. „Dann ist es doch komisch, wenn wir jetzt einfach anfangen zu essen und die anderen zugucken müssen." Auch die Tante zögerte. Ich aber fand: „Es ist doch nicht unsere Schuld, wenn die anderen nichts eingepackt haben!" – „Ach, Kind", sagte die Mutter mit Blick auf Jesus. „Geh zu seinen Jüngern und bringe ihnen, was wir hier haben!" – „Was? Unser Brot und den Fisch?" Ich war entsetzt. Aber Tante und Onkel begannen in derselben Weise zu reden. „Ja, nimm unsere Sachen auch gleich mit! Wir wollen mit den anderen teilen. Gott möchte es bestimmt so." Ich traute meinen

Ohren nicht: „Aber das ist viel zu wenig für die vielen Menschen!" Mein älterer Cousin war auch meiner Meinung und klagte: „Dann bekommen wir nur einen Krümel und ich habe doch so einen riesigen Hunger!" Doch die Erwachsenen hatten es sich nun einmal in den Kopf gesetzt. Und so blieb mir nichts anderes übrig, als mich durch die vielen Menschen hindurch nach vorne zu kämpfen.

Ich erkannte einen der Freunde Jesu. Ihm hielt ich unser Essen hin: „Hier, das soll ich von meiner Familie bringen!" Der Mann guckte mich freundlich an: „Gerade hatten wir überlegt, woher wir etwas zu essen bekommen könnten. Danke!" Es fiel mir wirklich schwer, dem Mann die fünf Brote und die beiden Fische zu geben. Der Mann reichte sie gleich an Jesus weiter. Dieser sah mich an und durchschaute mich sofort: „Ich sehe, es fällt dir nicht leicht, dein Essen zu teilen. Deshalb danke ich dir ganz besonders dafür!" Dann nahm er die Brote und blickte zum Himmel: „Und ich danke auch dir, himmlischer Vater, der du die Erde erschaffen hast und alles, was auf ihr wächst." Ein ähnliches Gebet sprach er über die Fische. „Die Leute sollen sich setzen", sagte Jesus anschließend. Dann forderte er die Jünger auf, Brot und Fisch auszuteilen.

Ich ging derweil zu meiner Familie zurück. „Ich war der Einzige, der dort etwas abgab", berichtete ich. Mir war klar: „Nur die in der ersten Reihe werden nun etwas bekommen. Bis hier hinten wird das niemals reichen! Unser schönes Abendessen können wir vergessen."

Aber was war das? Jemand reichte uns Brot und Fisch, und zwar so viel, dass wir selber davon weitergeben konnten. Ringsumher saßen die vielen Männer, Frauen und Kinder im Gras und aßen. „Wie kann das sein? Ich hatte doch nur fünf Brote und zwei Fische!", rief ich erstaunt. „Ein Wunder!",

flüsterte meine Tante und den anderen aus der Familie hatte es glatt die Sprache verschlagen. „Das ist wirklich ein Prophet!", sagte jemand in der Nähe. Alle, die zu Jesus gekommen waren, wurden satt. Es war sogar noch etwas übrig. Irgendwer fing an, die Reste einzusammeln. Und am Ende standen vorne bei Jesus zwölf Körbe voller Brot.
„Das muss ich Papa erzählen!", sagte ich auf dem Heimweg. „Der hat doch etwas verpasst. Etwas ganz Außergewöhnliches!"

Nach Johannes 6,1–14

Verloren und gefunden

Was ist denn jetzt schon wieder los?, fragte ich mich, als meine Mutter rief. Kann ich denn nicht einmal in Ruhe mit der Katze spielen? „Dan!“, rief sie schon wieder. „Ich komme gleich!“, sagte ich. Ich spielte erst einmal weiter.

„Dan, wo bleibst du denn?“, hörte ich meine Mutter nach einer Weile ärgerlich rufen. Nach einer sehr kurzen Weile, wie ich fand. Was hatte sie denn bloß wieder? Aber ihre Stimme klang so, dass ich lieber aufstand und ins Haus hineinging. „Na endlich“, meinte sie, als sie mich sah. „Kannst du bitte das Brot hier nehmen und zu Tante Mara bringen?“ – „Muss das sein?“, fragte ich. Dazu hatte ich wirklich keine Lust. Gleich war ich mit meinen Freunden verabredet. „Ja, das muss sein“, sagte Mutter. „Es geht ihr nicht gut. Ein frisches Brot kann sie gut gebrauchen.“ Aber ich hatte doch heute Morgen schon beim Backen geholfen. Dabei war das eigentlich Mädchenarbeit. Das reichte doch wohl für heute! Und was war überhaupt mit meiner großen Schwester? „Schick doch Lea“, schlug ich vor. Die hatte heute noch gar nicht geholfen. „Die hat aber Bauchschmerzen“, antwortete Mutter. Typisch, auf die wurde immer Rücksicht genommen. Aber wenn ich mal meine Freunde sehen wollte, zählte das gar nicht. Das war wirklich unfair.

„Jetzt mach schon“, drängelte Mutter. „Das zweite Brot, das hier liegt, bringe ich dann gleich selber zu den alten Nachbarn. Aber bis zu Tante Mara ist es mir im Moment zu weit.“ – „Ach, aber ich soll den weiten Weg machen?“ Jetzt wurde ich wirklich wütend. „Ich will aber nicht!“ Man musste durch den halben Ort laufen, bis man dort war. Außerdem konnte ich Tante Mara gar nicht besonders leiden. Sie nörgelte dauernd herum und

man musste bei ihr immer sehr leise sein. Es schien, als könne sie Kinder nicht ausstehen. Zu der wollte ich erst recht nicht. Nein, nein, nein.
„Dan!“, sagte die Mutter streng und zeigte auf eins der beiden Brote, die an der Tür bereitlagen. „Geh jetzt los!“ – „Nein!“, schrie ich laut. Zwar lief ich dann los, aber nicht mit dem Brot und schon gar nicht zu Tante Mara. Nein, ich rannte zum Treffpunkt mit meinen Freunden. Die warteten schon: „Da bist du ja!“ – „Tut mir leid“, sagte ich. „Es gab da noch ein Problem mit meiner Mutter. Die behandelt mich wie einen Sklaven. Dan, mach dies, Dan, mach das! Aber jetzt habe ich es ihr gezeigt! Ich bin einfach abgehauen!“ Wie stark ich mir vorkam. Meine Freunde blickten mich bewundernd an. Einer pfiff anerkennend und sagte: „Das hätte ich mich nicht getraut …“ Nur Joscha fragte: „Und was passiert, wenn du heute Abend nach Hause kommst?“ Darüber hatte ich auch schon kurz nachgedacht. Aber da hatte ich wenig Sorge: Meine Mutter beruhigte sich immer schnell wieder und mein Vater war für ein paar Tage unterwegs. Er war nämlich Händler und verkaufte Schafe.
„Also, was machen wir jetzt?“, fragte ich. „Sollen wir Verstecken spielen?“ Manche nickten, aber Joscha hatte einen anderen Vorschlag: „Als ich eben hierherkam, sah ich eine große Versammlung am Brunnen. Ein Prediger war dort und viele Leute hörten zu.“ – „Da willst du hin? Wie langweilig!“, entgegnete einer der anderen Jungen. „Nein, das ist eine gute Idee“, fand ein Dritter. „Ich kam dort auch vorbei. Es ist dieser Jesus aus Nazaret. Der predigt nicht nur, der heilt auch manchmal Kranke. Das könnte doch spannend werden!“ Das fand ich auch und wir waren uns einig: „Los, zum Brunnen!“
Am Brunnen waren wirklich viele Leute. Hatte nicht meine Mutter auch schon einmal von diesem Jesus gesprochen? Viel-

leicht wäre sie gerne hergekommen, aber naja, jetzt hatte sie mit den Broten und meiner kranken Schwester natürlich keine Zeit dafür. Plötzlich hatte ich doch ein schlechtes Gewissen, aber nur für kurze Zeit, denn dann hatten wir uns durch die vielen Menschen geschlängelt und ich konnte Jesus sehen. Ob er schon ein Wunder vollbracht hatte? Hoffentlich hatten wir nichts verpasst. Aber das sah nicht so aus. Die anderen Leute ringsherum hörten Jesus interessiert zu. Auf seine Worte hatte ich noch gar nicht genau geachtet, muss ich gestehen. Ich war noch ganz außer Puste. Ich blickte mich um: Es waren vor allem Frauen um mich herum, die lauschten. Ja, meine Mutter wäre sicher auch gerne hier gewesen. Ich hätte ja das Brot nur bei Tante Mara abgeben müssen, das wäre nicht so umständlich gewesen. Und die Tante hätte auch nichts zu meckern gehabt. Es war ja wahnsinnig nett von meiner Mutter, überhaupt ein Brot für die Kranke zu backen. Eigentlich war meine Mutter sowieso sehr nett. Da mein Vater so viel unterwegs war, um seine Schafe zu verkaufen, hatte sie viel Arbeit bei uns. Mein Ärger auf sie wurde kleiner und kleiner. Und stark fühlte ich mich auch nicht mehr. Genau genommen wurde ich sogar traurig, weil ich so frech zu ihr gewesen war. Aber jetzt war es zu spät, nun war ich ja weggelaufen. Wie lange war sie wohl ärgerlich auf mich? Oder war sie nur traurig und müde, wie so oft, wenn es meiner Schwester mal wieder schlecht ging? Wie so oft am Abend nach einem langen Tag?
Während ich nachdachte, schaute ich zum ersten Mal in Ruhe auf diesen Jesus. Wie freundlich der aussah! Wovon redete der eigentlich die ganze Zeit? Ich beschloss, wirklich zuzuhören. Dann konnte ich meiner Mutter wenigstens später erzählen, was er gesagt hatte. Obwohl hier so viele Erwachsene waren, verstand ich gut, was er sagte, denn er erzählte Ge-

schichten, die ich auch verstehen konnte. Gerade begann eine neue. Und ausgerechnet jetzt erzählte Jesus eine Geschichte von einem Schaf, jetzt, wo ich, der Sohn eines Schafhändlers, zuhörte!
„Wenn einer von euch hundert Schafe hat und eins davon verliert, lässt er dann nicht die neunundneunzig zurück und geht dem verlorenen nach, bis er es findet?" So begann seine Geschichte. Würde mein Vater das machen? Aber ich wollte nicht wieder nachdenken, sondern zuhören: „Und wenn er es gefunden hat, nimmt er es voll Freude auf die Schultern, und wenn er nach Hause kommt, ruft er seine Freunde und Nachbarn zusammen und sagt zu ihnen: Freut euch mit mir! Ich habe mein Schaf wiedergefunden, das verloren war."
Plötzlich kam mir wieder meine Mutter in den Sinn: War ich nicht für sie auch so ein verlorenes Schaf? Ich war ja auch weggelaufen. Sie wusste gar nicht, wo ich war. Vielleicht machte sie sich längst Sorgen. Schon redete Jesus weiter: „Ich sage euch: Ebenso wird auch bei Gott mehr Freude sein über einen einzigen Sünder, der sein Leben ändert, als über neunundneunzig Gerechte, die es nicht nötig haben, sich zu ändern."
Mit einem Mal wurde mir klar, was ich zu tun hatte. Ungefähr so schnell, wie wir zu Jesus gerannt waren, rannte ich jetzt zurück nach Hause.

Als ich ankam, hörte ich meine Mutter hinten im Haus beruhigend mit meiner Schwester reden. Vorne bei der Tür lagen immer noch die beiden Brote. Ohne etwas zu sagen und ohne, dass Mutter mich bemerkte, schnappte ich mir die Brote und lief wieder davon. In diesem Tempo war ich schnell bei Tante Mara. „Ein Gruß von meiner Mutter!“, rief ich, als ich sie vor ihrem Haus sitzen sah. „Deine Mutter ist wirklich eine gute Frau!“, sagte die Tante. „Und danke, Dan, dass du mir das Brot gebracht hast!“ Und bevor sie noch mehr sagen konnte, war ich schon wieder weg.
Dann ging ich noch zu den Nachbarn, auch wenn Mutter mich darum gar nicht gebeten hatte. Aber jetzt war ich ja sowieso unterwegs. „Guten Tag und guten Appetit!“, sagte ich. „Meine Mutter hat gebacken!“ Die beiden freuten sich, das konnte ich sehen. Dann ging ich schnell weiter.
Als ich wieder an unserem Haus ankam, stand meine Mutter in der Tür. Sie lächelte mich an und nahm mich in den Arm. „Dan, mein Junge.“ Mehr sagte sie nicht. Mehr musste sie nicht sagen. Ich merkte, dass sie sich freute. Ich freute mich auch. Und Gott: Ob der sich auch freute?

Zu Lukas 15,3–7

Streit um ein Haus

Seit mein Großvater gestorben war, gab es bei uns zuhause nur noch ein Thema: das Erbe. Meinem Großvater gehörten nämlich ein Haus und etwas Land. Nun stritt mein Vater mit meinem Onkel, wer dies erben würde. Mein Onkel war der ältere der Söhne, das stimmte. Aber er hatte sich nie um den Großvater gekümmert. Als Großvater immer schwächer wurde, sorgten meine Eltern für ihn. Eine Zeit lang hatte sich das ganze Familienleben um ihn gedreht. Dann war er gestorben.
Plötzlich tauchte mein Onkel wieder auf. Vater sagte zu ihm: „Es ist dir doch sicher recht, wenn ich mit meiner großen Familie in Vaters Haus ziehe?“ Aber das war dem Onkel gar nicht recht: „Ihr habt doch ein Haus. Wieso soll ich abgeben, was mir zusteht?“ Vater redete auf ihn ein: „Du brauchst doch das Haus gar nicht! Deine Familie hat schon ein großes Haus. Aber für uns wäre ein größeres Haus wirklich praktisch.“ Der Onkel blieb jedoch dabei: Er war der Ältere – er würde alles erben.
Seither war die Familie völlig zerstritten. Vater redete nicht mehr mit dem Onkel, Mutter nicht mehr mit der Tante. Manchmal dachte ich: Wieso geht es immer um dieses andere Haus? Eigentlich ist unser Haus doch groß genug. Ich würde mich lieber wieder mit meinen Cousinen treffen. Die mochte ich gerne. Und die hatten mit der ganzen Sache ja nichts zu tun. Aber Papa wollte jetzt nicht mehr, dass ich mit ihnen zusammen spielte.

***

Eines Tages beschloss mein Vater, zu einem Prediger zu gehen. Jesus hieß der und wir hatten schon manches über ihn gehört. Er war ein gerechter und kluger Mann, schien es. Vielleicht sogar ein heiliger Mann. Deshalb hatte mein Vater eine Idee: „Ich werde ihn fragen, ob er den Streit zwischen meinem Bruder und mir schlichten kann. Wenn er mit meinem Bruder redet, kommt der vielleicht zur Vernunft." Wir alle fanden dies eine gute Idee. Hoffentlich wäre dann endlich wieder Frieden in der Familie.

Ich durfte mitgehen. Eine Zeit lang hörten wir mit den vielen anderen Menschen zu, wie Jesus redete. Er kam mir wirklich sehr weise vor. Und auch gutmütig. Was würde er zu Vaters Problem sagen? Bestimmt wusste er eine gute Lösung.

Irgendwann machte Jesus eine Pause. Mein Vater ging zu ihm und bat ihn höflich: „Meister, sag meinem Bruder, er soll das Erbe mit mir teilen." Jesus schaute meinen Vater an, und dann schaute er auch mich an. Ich war ja so gespannt, was er nun sagen und tun würde! Aber zunächst erkundigte er sich genauer: „Um was geht es denn?" Vater erklärte es ihm: „Um das Haus meines Vaters. Alles andere kann mein Bruder gerne nehmen." – „Habt ihr denn selber kein Haus?", fragte Jesus. „Doch, doch", sagte Vater. „Aber das Haus meines Vaters ist größer und schöner und mein Bruder braucht es nicht zum Leben." Ich bewunderte meinen Vater: Er erklärte alles sehr klar und genau. Sicher würde Jesus das Problem nun verstehen und uns helfen. Voller Erwartung schaute ich ihn an. Doch dann die Enttäuschung: „Mensch, wer hat mich zum Richter oder Schlichter bei euch gemacht?" Das war alles, was der Prediger zu Vater sagte. Konnte das sein? War das wirklich alles? Verstand er denn das Problem gar nicht? Oder war er etwa auf der Seite meines Onkels? Vater schaute betroffen und verwirrt. Er hatte so sehr auf Hilfe gehofft. Wir alle hatten auf Hilfe gehofft. Erkannte Jesus das denn nicht? Die ganze Familie litt doch unter diesem Streit um Großvaters Haus.

Für Jesus schien die Sache erledigt. Er drehte sich wieder zu den vielen Menschen um und fing an zu reden. Ich wollte schon weglaufen, doch dann merkte ich, dass Jesu Worte mit mir und meinem Vater zu tun hatten. Er sagte nämlich: „Seid vorsichtig und passt auf, dass ihr nicht gierig werdet! Denn ob euer Leben gut ist, hat nichts damit zu tun, wie viel Geld und wie viele Schätze ihr gesammelt habt." Wieder sah ich zu meinem Vater und mir schien, dass er nun etwas verlegen guckte. Nun ja, das große Haus war ja eigentlich nicht notwendig. Es war schon so etwas wie ein Schatz.
Für Jesus war diese Botschaft anscheinend wichtig, denn er erklärte sie anschließend noch mit einer Geschichte. Die hatte zwar nichts mit einem Haus zu tun, aber mir wurde klar, was er sagen wollte: „Auf den Feldern eines reichen Mannes stand eine gute Ernte. Da überlegte er hin und her: Was soll ich tun? Ich habe gar nicht genug Platz für eine so große Ernte. Schließlich sagte er: ‚So will ich es machen: Ich werde meine Scheunen abreißen und größere bauen. In diesen werde ich mein ganzes Getreide und meine Vorräte unterbringen. Dann kann ich zu mir selber sagen: Nun hast du einen großen Vorrat, der für viele Jahre reicht. Ruh dich aus, iss und trink und freu dich des Lebens!' Da sprach Gott zu ihm: ‚Du Dummkopf! Noch in dieser Nacht wirst du sterben. Wem wird dann all das gehören, was du angesammelt hast?'"
Die Leute in der Menge guckten ähnlich betreten wie mein Vater. Wollte denn nicht jeder gerne ein gutes Leben haben? War es denn nicht sinnvoll zu sparen? Es war doch verständlich, was der Mann in der Geschichte dachte. Jesus erkannte wohl, was wir alle dachten, und wurde noch deutlicher: „So geht es jedem, der nur für sich selbst Schätze sammelt, aber vor Gott arm ist."

Er wechselte dann das Thema. Vater und ich gingen still weg. Das Ende unseres Ausflugs hatten wir uns anders vorgestellt. Jetzt waren wir so schlau wie vorher. Und was würde die Mutter zuhause sagen?

***

Daheim erzählten wir ihr ganz genau von unserem Ausflug: wie Jesus reagiert hatte und dass er nicht zwischen Vater und Onkel vermitteln wollte. Ich erzählte ihr auch die Geschichte vom Mann mit der großen Ernte. Meine Mutter hörte schweigend zu. Sie sah nachdenklich aus. Dann sagte sie: „Vielleicht hat Jesus Recht. Wir brauchen das Haus nicht zum Leben, wir haben schon eines. Es ist kleiner, das stimmt, aber dafür haben wir auch nicht so viel Arbeit damit …“ Vater schaute sie überrascht an: „Du willst das Haus gar nicht? Aber ich wollte es doch vor allem für dich haben. Damit du es schön und gemütlich hast! Für mich selber wollte ich es nicht unbedingt haben. Dieses kleine Haus hier habe ich schließlich selber gebaut. Das bedeutet mir mehr.“ – „Für mich?“, rief die Mutter verblüfft. „Aber ich dachte, du wolltest so gerne das große Haus besitzen, in dem du als Kind gelebt hast! Ich dachte, es ist dir wegen deiner Familie wichtig!“ Da lächelte mein Vater: „Viel mehr bedeutet es mir, wenn wieder Frieden in dieser Familie herrscht!“ Das fand ich allerdings auch: „Darf ich dann endlich wieder mit den Cousinen spielen?“ Meine Eltern lachten, aber dann wurden sie schnell wieder ernst: „Keinem hat wohl diese Situation in letzter Zeit gefallen. Vielleicht hätten wir nicht so viel über das Haus und über den Onkel sprechen sollen, sondern mehr miteinander. Dann hätten wir schon früher festgestellt, dass der ganze Streit unnötig war!“ Und Vater sagte: „Ich gehe jetzt zu meinem Bruder und sage ihm, was wir entschieden haben. Soll er ruhig das Haus behalten. Für uns sind andere Dinge wichtig.“ So waren wir am Ende des Tages also doch klüger als vor unserem Gespräch mit Jesus.

Zu Lukas 12,13–21

Rettung für einen Sünder

Einmal kam ein frommer Lehrer in unsere Stadt. Er hieß Jesus und kam aus Nazaret. Jeder bei uns in Jericho hatte schon von ihm gehört, und als er durch unsere Straßen ging, kam eine große Menschenmenge zusammen, um ihn zu sehen. Auch ich war neugierig. Es hieß, Jesus sei ein Freund der armen Menschen und spreche oft klare Worte. Vielleicht hielt er ja den Zöllnern bei uns eine Predigt, damit wir, die braven Leute, nicht mehr so sehr unter ihnen leiden müssten.

Ich will euch das erklären: Die Zöllner arbeiteten für die Römer. Die Römer taten so, als ob ihnen unser Land gehörte, aber das war Unsinn. Dieses Land hier wurde uns von Gott gegeben. Es gehörte uns Juden. Ein Jude, der für die Römer arbeitete, war also ein Verräter.

Und dann waren diese Zöllner Diebe, anders kann man es nicht sagen. Sie konnten an der Zollstation so viel Geld fordern, wie sie wollten. Dann gaben sie einen Teil an die Römer ab und der Rest wanderte in ihre eigene Tasche. Dadurch wurden sie reich. Das waren alles Verbrecher!

Kurz gesagt: Zöllner waren Sünder! Und der Schlimmste von ihnen hieß Zachäus. Er war nicht nur ein alltäglicher Zöllner, nein, er war sogar der Oberzöllner. Der Schlimmste der Schlimmen, das war Zachäus hier bei uns in Jericho. Niemand wollte sein Freund sein. Wer will denn mit so einem befreundet sein? Über so einen konnte sich ein braver Mensch nur ärgern oder lustig machen. Für Witze war Zachäus tatsächlich gut zu gebrauchen: Er war nämlich sehr klein gewachsen. Ein Zwergen-Zöllner! Ein sündiger Winzling.

Und dann so etwas: Ich wollte also Jesus sehen. Ich fand einen schattigen Platz unter einem Baum. Hinter mir spürte ich ein Gedränge und drehte mich um: Anscheinend wollte sich jemand, der zu spät gekommen war, nach vorne drängeln. Ich sah genauer hin und erkannte Zachäus. Da musste ich grinsen. Ich dachte im Stillen: „Tja, Zachäus, du bist einfach zu klein! Bleib du mal schön da hinten. Dich will hier sowieso niemand sehen."

„Da kommt Jesus!", sagte jemand neben mir. Ich schaute also wieder auf die Straße und dachte nicht weiter über Zachäus nach. Ja, dort war der berühmte Jesus. Er kam in unsere Richtung. Doch nicht nur das: Er blieb gleich vor mir stehen. Ich war richtig aufgeregt. Vielleicht würde er uns segnen. Aber er guckte mich gar nicht an, sondern blickte nach oben. Wollte er sich den Baum ansehen? Das war ein ganz normaler Feigenbaum. Was interessierte ihn daran?

Jesus öffnete den Mund und sagte nach oben: „Zachäus!" Tatsächlich! Da saß unser kleiner Oberzöllner im Baum. Er hatte die einzige Möglichkeit genutzt, um auch etwas zu sehen. Jesus hatte ihn bemerkt und angesehen. Was wollte Jesus nun von ihm? Kam jetzt die Strafpredigt an den reichen Sünder? „Zachäus", sagte also Jesus. Und weiter: „Komm schnell herunter! Denn ich muss heute in deinem Haus zu Gast sein." Und sofort kam Zachäus vom Baum herunter und nahm Jesus mit in sein Haus. „Das darf doch wohl nicht wahr sein!", sagte ich zu meinem Nachbarn. „Weiß er denn nicht, mit wem er es da zu tun hat?" – „Doch, doch", sagte der Nachbar und schien auch verwundert zu sein. „Er hat ihn doch mit seinem Namen angesprochen. Er scheint ihn zu kennen." Wir gingen hinter den beiden her.

Auch andere Leute regten sich auf und waren meiner Meinung: „Jesus geht zu einem Sünder? Ein guter Mensch sollte dieses

Haus besser gar nicht betreten!“ Aber da war es schon zu spät: Jesus war bereits durch die Tür in das Haus des Zachäus gegangen. Wir gerechten Menschen blieben davor stehen, konnten aber durch den offenen Eingang hören, was drinnen gesprochen wurde. Zachäus sagte etwas zu Jesus. Ich verstand es so: „Herr, die Hälfte meines Geldes will ich den Armen geben, und wenn ich von jemandem zu viel gefordert habe, gebe ich ihm viermal so viel zurück.“ Ich muss zugeben: Das hatte ich nicht erwartet. Zachäus bekannte sich also schuldig: Er gab zu, zu viel genommen zu haben. Und nicht nur das: Er wollte den Geschädigten sogar mehr zurückzahlen, als es das Gesetz vorschrieb. Das waren ja gute Aussichten, dachte ich schmunzelnd: „Da werde ich einen netten Betrag zurückbekommen.“ Ich hatte nämlich öfters bei Zachäus zahlen müssen. „Ob Zachäus das überhaupt ernst meint?“, zweifelte einer hinter mir. Und wir warteten nun auf die tadelnden, belehrenden Worte von Jesus. Vielleicht sprach er auch Drohungen aus, damit Zachäus wirklich machte, was er gerade versprochen hatte. Aber wieder einmal überraschte mich dieser Lehrer. Statt einer Ermahnung oder Drohung sagte er: „Heute ist diesem Haus das Heil geschenkt worden! Auch dieser Mensch ist ein Freund Gottes. Denn ich bin gekommen, um zu suchen und zu retten, was verloren ist.“ Das traf mich tief im Innersten. Das Heil für Zachäus? Rettung auch für diesen Sünder? Oder sage ich nun besser: Für diesen Sünder, der sein Leben ändern wollte? Plötzlich war ich mir nicht mehr sicher, ob Jesus mit seinen Worten eigentlich Zachäus im Haus oder vielmehr uns hier draußen vor dem Haus ansprechen und belehren wollte.

Nach Lukas 19,1–10

Dieser Vater ist anders

„Ein Mann hatte zwei Söhne“, begann der Mann zu sprechen und ich knuffte meine Freundin Tabita in die Seite: „Oh, er erzählt eine Geschichte! Das kann ja interessant werden!“ Manche Prediger und Lehrer redeten nämlich sehr langweilig. Aber bei diesem hier schien das anders zu sein. Dieser Mann schien überhaupt etwas Besonderes zu sein. Viele Menschen waren zusammengekommen, um ihn zu hören. Manche kannten ihn bereits. Sie erklärten uns: „Er heißt Jesus. Und er kommt aus Nazaret. Manchmal streitet er mit den wichtigen Männern. Manchmal heilt er Kranke. Und manchmal erzählt er Geschichten.“ So wie an diesem Tag.

„Der jüngere Sohn wollte das Erbe des Vaters haben, obwohl der Vater noch lebte. Da teilte der Vater alles auf, was er besaß. Und der Jüngere nahm seinen Teil und ging weg von zuhause, in ein fernes Land.“ Ich guckte Tabita an: „Das ist ja ein bisschen wie bei uns zuhause. Weißt du noch? Als mein großer Bruder einmal weggelaufen ist?“ Daran erinnerte sich Tabita noch. Es war schon eine Weile her, aber natürlich hatte das ganze Dorf darüber gesprochen. „Psst, ich will zuhören“, sagte der Mann neben uns und blickte uns böse an. Da unterhielten wir uns nicht weiter über meinen Bruder.

„In diesem fernen Land verschwendete der jüngere Sohn seinen ganzen Reichtum“, fuhr Jesus fort. „Er kaufte sich schöne Kleider und feierte Feste, bei denen nur teurer Wein und teures Essen auf den Tisch kamen.“ Das fand ich dumm von ihm: Er hätte sich doch besser ein Haus gekauft! Aber schon fuhr Jesus fort: „Als alles Geld verbraucht war, kam eine große Not über das Land. Dem jungen Mann ging es sehr schlecht. Er

musste sich eine Arbeit suchen, um nicht zu verhungern. Er fand aber keine gute Arbeit. Er flehte einen reichen Mann an, ihm Arbeit zu geben. Aber der brauchte nur jemanden, der die Schweine hütete. Also wurde er ein Schweinehirte. Oft war er so hungrig, dass er am liebsten das Schweinefutter gegessen hätte. Doch niemand gab ihm davon."
„Igitt!", meinte Tabita. „Dem muss es ja wirklich schlecht gegangen sein!" Ich fand das ebenfalls eklig, und auch die anderen Zuhörer schüttelte es. Schon ging die Geschichte weiter: „Da wurde der junge Mann nachdenklich. Er wusste: Jedem Diener, der bei seinem Vater arbeitete, ging es besser als ihm selber dort in der Fremde."
„Tja, selber schuld!", meinte ich. „Wieso gibt er schließlich auch das ganze Geld aus? Eigentlich geschieht es ihm ja recht, dass er jetzt so leiden muss." Tabita nickte zustimmend, sagte aber nichts. Sie war schon ganz gespannt, wie es weitergehen würde.
„Der Sohn beschloss, zu seinem Vater zurückzugehen. Er wollte zu ihm sagen: ‚Vater, es tut mir leid, was ich getan habe. Lass mich bitte als Diener für dich arbeiten. Ich habe es wirklich nicht verdient, dein Sohn zu sein.'" Das sahen wir ganz genauso: „Welche Arbeit wird der Vater ihm wohl geben?", flüsterte ich. Und Tabita kicherte: „Vielleicht muss er den Stall putzen! Oder die Ziegen hüten."
Aber in der Geschichte, wie Jesus sie erzählte, ging es ganz anders weiter: „Der Vater sah den Sohn von Weitem kommen und lief ihm entgegen. Er fiel ihm um den Hals und küsste ihn." – „Er bekam einen Kuss?", rief ich überrascht. „Also, als mein Bruder, der Ausreißer, damals kleinlaut nach Hause kam, bekam er von meinem Vater eine gehörige Tracht Prügel!" Aber es kam noch besser. Jesus erzählte: „Der Sohn bat seinen Vater,

als Diener für ihn arbeiten zu dürfen. Er sagte: ‚Ich habe es nicht verdient, dein Sohn zu sein.' Aber der Vater wollte davon nichts hören. Er befahl seinen Dienern: ‚Holt das beste Gewand und zieht es ihm an! Steckt ihm einen Ring an den Finger und zieht ihm Schuhe an! Und schlachtet das beste Kalb: Wir wollen essen und fröhlich sein! Denn mein Sohn war tot und lebt wieder. Er war verloren und ist wiedergefunden worden.'"

Mir blieb vor Staunen der Mund offen stehen. Das hatte ich nicht von dem Vater erwartet. Tabita auch nicht. „Und was ist eigentlich mit dem anderen Sohn?", fragte meine Freundin. Jesus hörte die Frage und fuhr fort: „Der ältere Sohn hatte auf dem Feld gearbeitet. Als er müde nach Hause kam, sah er, dass für seinen jüngeren Bruder ein Fest gefeiert wurde. Da wurde er zornig." Das verstand ich sehr gut: „Das ist ja auch total ungerecht. Der Ältere musste die ganze Zeit arbeiten und der Jüngere machte sich ein schönes Leben! Und jetzt feiert man für ihn ein Fest?" Jesus lächelte mich an und sprach weiter: „Da kam der Vater nach draußen und wollte ihn umstimmen. Doch der ältere Sohn sagte: ‚Ich arbeite schon viele Jahre für dich und habe immer getan, was du wolltest. Aber nie durfte ich mit meinen Freunden ein Fest feiern. Und jetzt kommt der da, der dein Geld zum Fenster hinausgeworfen hat, und für den lässt du das beste Kalb schlachten?'" Ich nickte: „Eben, das meine ich ja. Das ist wirklich unfair. Ich hatte auch überhaupt kein Mitleid mit meinem großen Bruder, als er von meinem Vater bestraft wurde! Wir hatten so viel Ärger und Sorgen wegen ihm. Was ist das denn für ein komischer Vater in dieser Geschichte?"

„Der Vater antwortete dem älteren Sohn", sagte Jesus. „Er sagte: ‚Mein Kind, du bist immer bei mir. Und was mir gehört, gehört auch dir. Aber jetzt müssen wir uns doch freuen und ein Fest feiern: Denn dein Bruder war tot und lebt wieder; er war verloren und ist wiedergefunden worden.'" Ich schüttelte ärgerlich den Kopf. Tabita allerdings sagte: „Aber überleg doch mal, wie verzweifelt deine Mutter damals war, als dein Bruder weggelaufen war. Wie viele Sorgen sie sich gemacht hat. Die hat sich sehr gefreut, als er wieder da war, obwohl sie nicht gut fand, was er getan hatte. Er ist doch ihr Kind!" Da hatte sie allerdings Recht. Mir fiel auf: „Dann ist dieser Vater in der Geschichte mehr wie eine Mutter. Oder beides zusammen. Kennst du so einen Vater, Tabita?" Die Freundin gab zu: „Mein Vater ist auch oft streng. Aber Jesus scheint so einen Vater zu kennen." Tabita wandte sich an Jesus: „Erzählst du uns noch mehr von diesem Vater? Ich würde ihn gerne besser kennen lernen." Jesus erwiderte: „Ich erzähle euch gerne noch mehr von ihm. Gott ist dieser Vater. Er hat ein großes Herz für dich, für deine Freundin, für jeden Menschen."

Nach Lukas 15,11–32

Das Licht der Welt

„Mama, Mama“, rief ich schon von Weitem. „Stell dir vor: Der blinde Bettler kann wieder sehen!“ Mutter fragte ungläubig: „Der hier bei uns in der Straße lebt?“ – „Ja, genau der!“, antwortete ich. „Das kann nicht sein, mein Schatz“, meinte sie. „Den kenne ich, seit er ein Kind ist. Der konnte noch nie sehen. Vielleicht verwechselst du da jemanden.“ Aber ich wusste es ganz sicher. Dieser Tag war ein Feiertag und ich hatte mehr Zeit als sonst. Ich war daher ein wenig herumspaziert und hatte alles mitbekommen. Da meine Mutter mir nicht glauben wollte, sagte ich: „Dann komm doch mit und sieh selber!“ Und das machte sie dann auch.

Auf dem Weg erzählte ich ihr, was passiert war. Ein Mann war in unseren Ort gekommen, ein frommer Lehrer mit Namen Jesus. Als seine Jünger den blinden Bettler auf der Straße sitzen sahen, fragten sie ihren Meister: „Wer ist schuld daran, dass er blind ist? Er selber oder seine Eltern?“ Die Antwort lautete: „Niemand ist daran schuld. Eine Krankheit hat doch nichts mit Schuld zu tun. Aber ich kann euch daran zeigen, dass ich Licht in die Welt bringen kann. Ja, mehr noch: Ich bin das Licht der Welt.“

Nachdem er das gesagt hatte, spuckte er auf den Boden und machte einen Teig aus Spucke und Sand. Diesen Teig strich er dem Blinden auf die Augen und sagte: „Geh und wasch dich dort drüben im Teich!“ Der Mann stand auf und wusch sich. Und als er zurückkam, konnte er sehen! „Und dann bin ich sofort zu dir gerannt, um dir alles zu erzählen, Mama!“ So endete meine Geschichte.

Wir gingen zu der Stelle, wo ich Jesus und den Bettler zuletzt gesehen hatte. Aber der Bettler war nicht mehr dort. Nur Jesus und seine Jünger standen noch da.
Plötzlich kam jemand gelaufen und sagte zu Jesus: „Herr, unsere Gelehrten haben den Bettler aus der Synagoge geworfen!“ Meine Mutter rief dazwischen: „Aber warum denn?“ Da erklärte der Mann: „Sie wollen ihm nicht glauben und streiten mit ihm. Sie sagen: ‚Heute ist ein Feiertag, da darf man nicht heilen. Wenn also Jesus heute geheilt hat, so ist er ein Sünder.‘ Der Bettler aber sagte zu ihnen: ‚Nur ein Gottesmann kann so etwas tun.‘ Da haben sie ihn hinausgeworfen.“
Man sah, dass es Jesus leidtat, was mit dem Mann geschehen war. Deshalb ging er los und suchte ihn. Und weil meine Mutter den Geheilten immer noch nicht gesehen hatte, gingen wir hinterher. Endlich trafen wir ihn. Jesus fragte ihn: „Glaubst du an den Menschensohn?“ Der Mann antwortete: „Wer ist das, Herr?“ Jesus zeigte auf sich selber und sagte: „Du siehst ihn vor dir. Ich bin der Menschensohn.“ Da sagte der Geheilte: „Ich glaube, Herr!“ Und er warf sich vor Jesus auf den Boden.
Nun hatte es auch meine Mutter mit eigenen Augen erkannt: Der blinde Bettler konnte wieder sehen. Gemeinsam liefen wir nach Hause, um auch den anderen in der Familie von der Heilung zu erzählen und von Jesus, dem Licht der Welt.

Nach Johannes 9

„Glaubst du das?“

„Marta, was sollen wir nur tun?“, fragte meine Schwester müde. „Unserem Bruder Lazarus geht es immer schlechter. Die Medizin hilft überhaupt nicht.“ Das bereitete mir auch Sorgen. Ich seufzte: „Ach, wenn doch unser Freund Jesus hier wäre. Der wüsste bestimmt einen Rat.“ Jesus war oft bei uns in Betanien zu Besuch. Aber gerade jetzt predigte er an einem anderen Ort. Meine Schwester fügte hinzu: „Er kann Kranke heilen. Das wissen wir doch. Sicher könnte er auch Lazarus helfen!“ Da kam ihr ein Gedanke: „Sollen wir einen Boten zu ihm schicken? Wenn Jesus hört, dass Lazarus krank ist, kommt er gewiss sofort.“ Das fand ich eine gute Idee.

Und so machten wir es. Ein Nachbar eilte zu Jesus und wir warteten nervös auf Jesu Ankunft. Aber der Nachbar kehrte alleine zurück. „Hast du Jesus nicht getroffen?“, fragte ich enttäuscht. „Doch, doch“, meinte der Nachbar. „Ich sagte zu ihm: ‚Herr, dein Freund Lazarus ist krank.‘ Aber er entgegnete: ‚Diese Krankheit wird nicht zum Tode führen. Durch diese Krankheit wird der Sohn Gottes geehrt werden.‘“ Ich guckte den Boten irritiert an: „Das war alles? Mehr hat er nicht gesagt?“ Der Nachbar nickte und sagte: „Es tut mir leid, dass ich nicht mehr erreicht habe, Marta.“ Mir standen Tränen in den Augen: „Ich dachte, er ist unser Freund!“ Meine Schwester überlegte: „Als er zuletzt in unserer Gegend war, wollte man ihn töten. Erinnerst du dich noch, Marta? Vielleicht wollen seine Jünger nicht, dass er sich in Gefahr begibt. Vielleicht muss er noch darüber nachdenken.“

Ungeduldig warteten wir und pflegten Lazarus, der immer schwächer wurde. Wir beteten zu Gott um Heilung und hofften, dass Jesus endlich käme. Aber schließlich schien alle Hoffnung umsonst: Lazarus starb. Wir waren verzweifelt: Unser geliebter Bruder war tot. Auch unsere Nachbarn und Freunde waren sehr traurig und weinten mit uns. Noch am gleichen Tag haben wir Lazarus begraben, so wie es bei uns üblich war.

***

Und dann, vier Tage, nachdem Lazarus gestorben war, kam ein Junge gelaufen: „Ich habe ihn gesehen: Jesus kommt nach Betanien!“ Ich stand sofort auf und ging Jesus entgegen. Als ich ihn traf, sagte ich traurig: „Jesus, wenn du hier gewesen wärest, wäre mein Bruder nicht gestorben!“ Und ich ergänzte: „Aber Gott wird dir geben, worum du ihn bittest.“ Jesus sah mich voller Mitgefühl an und sagte, ohne zu zögern: „Dein Bruder wird auferstehen!“ Ja, das glaubte ich: Irgendwann einmal, am Ende aller Tage, würden alle Toten auferstehen. So hatte ich es gelernt: „Dann wird auch mein Bruder auferstehen.“ Jesus aber meinte etwas anderes: „Ich selber bin die Auferstehung und das Leben. Wer an mich glaubt, wird leben, auch wenn er stirbt. Glaubst du das, Marta?“ Ich verstand ihn zwar nicht richtig, aber ich antwortete aus ganzem Herzen: „Ja, Jesus, ich glaube, dass du der Sohn Gottes bist.“

Dann ging ich wieder nach Hause und sagte leise zu meiner Schwester: „Jesus ist da!“ Nun stand auch sie auf und ging zu ihm. In ihre Trauer hatte sich auch Enttäuschung über Jesus gemischt: „Wieso ist er nicht früher gekommen?“, fragte sie mich auf dem Weg. „Ich glaube doch, dass er der Sohn Gottes ist. Lazarus wäre dann sicher nicht gestorben.“

Schließlich kamen wir wieder zu Jesus, und als meine Schwester ihn sah, wiederholte sie vorwurfsvoll, was ich auch schon

gesagt hatte: „Herr, wärst du hier gewesen, dann wäre mein Bruder nicht gestorben." Und sie weinte und weinte. Auch die Leute aus unserem Dorf, die in der Nähe waren und Lazarus gekannt hatten, mussten wieder weinen. Da sah ich, dass Jesus sehr traurig wurde. Er fragte uns: „Wo ist sein Grab?" Wir zeigten es ihm. Und dort am Grab seines Freundes Lazarus weinte auch Jesus. „Dieser Jesus hat euren Bruder Lazarus wirklich gern gehabt", sagten da die einen zu mir. Andere allerdings fanden: „Wieso hat er dann nicht verhindert, dass Lazarus starb?" Das hatte ich mich ja auch gefragt.
Das Grab des Lazarus war eine Höhle, vor die man einen Stein

gerollt hatte. Einige Männer standen um Jesus herum. Jesus bat sie: „Nehmt den Stein weg!“ Ich bekam einen Schreck: „Jesus, bist du sicher? Lazarus ist schon seit vier Tagen tot. Und wir haben so heißes Wetter: Der Körper riecht bestimmt schon!“ Aber Jesus ließ sich nicht umstimmen, sondern antwortete hart: „Marta, glaubst du mir nicht?“ Da sagte ich nichts mehr.

Die Männer öffneten das Grab. Jesus blickte zum Himmel und fing an zu beten: „Vater, ich danke dir, dass du mich erhört hast. Ich wusste, dass du mich immer erhörst. Und ich wünsche mir sehr, dass die Menschen erkennen, dass du mich zu ihnen geschickt hast.“

Und dann rief er in das Grab hinein: „Lazarus, komm heraus!“ Und dann – ich traute meinen Augen nicht – kam der Verstorbene heraus! Ich lachte und weinte gleichzeitig: Lazarus lebte! Mein Bruder, dessen toten Körper wir in Tücher gehüllt und ins Grab gelegt hatten, stand hier vor uns! Meine Schwester stieß vor Überraschung und Freude einen Schrei aus. Auch die anderen Leute aus Betanien konnten es zunächst gar nicht glauben. Aber als man die Grabtücher vom Körper entfernt hatte, bestand kein Zweifel mehr: Dies war unser Bruder Lazarus. Er lebte. Ein Wunder war geschehen.

Ich war mir von da an völlig sicher, dass Jesus der Sohn Gottes war. Und auch viele andere Menschen begannen, an ihn zu glauben.

Nach Johannes 11,1–45

Wutausbruch

„So habe ich Jesus noch nie erlebt!“, flüsterte ich meinem Bruder Johannes zu. Auch der wusste nicht, was er davon halten sollte: „Du hast Recht, Jakobus. Er ist ja ganz außer sich.“ Die anderen Freunde waren sprachlos. So kannten wir Jesus überhaupt nicht. Jesus war vorher gar nicht besonders schlecht gelaunt gewesen. Überhaupt war an diesem Tag nichts Besonderes passiert. Wir waren gemeinsam nach Jerusalem gegangen. Bald war ein wichtiges Fest und Jesus wollte gerne in den Tempel gehen.
Auch beim Tempel war mir nichts Außergewöhnliches aufgefallen. Wir alle waren schon oft dort gewesen. Wir kannten das große Gebäude in der Hauptstadt. Und wir hatten auch früher schon die Verkäufer von Rindern, Schafen und Tauben gesehen. Die waren hilfreich: Wenn man Gott ein Opfer bringen wollte, konnte man gleich beim Tempel ein Opfertier kaufen. Das machten viele Leute, zum Beispiel, wenn sie Gott für etwas danken wollten.
Wir wussten auch von den Geldwechslern im Tempel. Diese waren ebenfalls nötig, denn für die Tempelsteuer brauchte man besondere Münzen, die man nur bei ihnen bekam.
Also war alles wie sonst auch. Aber genau das machte Jesus an jenem Tag rasend. Als wir an den Verkäufern und Geldwechslern vorbeigingen, sagte er plötzlich: „Ich kann das nicht ertragen!“ Und er nahm einen Strick, der bei den Tieren lag, machte Knoten hinein und peitschte damit auf den Tisch eines Schafhändlers. Erschrocken guckte ich meinen Bruder an: „Was hat er denn?“ Schon war Jesus am nächsten Tisch. Hier wurden Rinder verkauft. Jesus stieß den Tisch mit der Kasse um. „Bist du verrückt?“, schrie ihn der Händler an. „Was machst du da?“ –

„Was ich hier mache? Das müsste ich euch fragen: Was soll das Ganze hier?“, antwortete Jesus wütend. Und er hob die Peitsche, sodass der Händler voller Angst ein paar Schritte rückwärts machte, sein Geld zusammenraffte und weglief. „Nimm dein Vieh gleich mit!“, rief Jesus hinter ihm her. Er gab einem Rind einen Klaps, das daraufhin lostrottete. Die anderen Tiere folgten dem ersten.

Mein Bruder Johannes versuchte, Jesus zu beruhigen: „Herr, was ist denn ...?“, aber weiter kam er gar nicht. Jesus rannte weiter zu einer Gruppe von Geldwechslern. Er nahm deren Geld und schüttete es auf den Boden. Und als einer der Männer ihn festhalten wollte und deswegen über seinen Tisch griff, da warf Jesus den Tisch um und den daneben gleich auch noch. Polternd knallten die Tische auf den harten Boden. Da traute sich keiner der Geldwechsler mehr, etwas zu sagen. Sie waren vermutlich froh, dass nur die Tische und nicht sie selber geschubst worden waren. Neben ihnen hatten die Taubenhändler ihren Platz. Jesus schlug mit dem geknoteten Strick auf den Boden, dass es krachte. Ein kleines Mädchen, das bei seinem Vater stand, fing vor Schreck an zu weinen und versteckte sich ängstlich hinter den Käfigen für die Tauben. Sie tat mir leid. „Schafft das hier weg!“, befahl Jesus, blickte die Taubenhändler böse an und zeigte mit der Hand auf die Vögel. „Macht das Haus meines Vaters nicht zu einem Kaufhaus!“

Ich blickte Johannes an: „Das ist es also: Er will nicht, dass im heiligen Tempel Geschäfte gemacht werden.“ Johannes nickte. Wir konnten Jesus nun gut verstehen. Tatsächlich hatte man, wenn man zum Tempel kam, erst einmal den Eindruck, man käme auf einen Marktplatz.

Petrus kam zu uns und sagte: „Es kommt mir gerade eine Stelle aus unserer Heiligen Schrift in den Sinn, wo es heißt: Die Liebe für Gottes Haus brennt wie Feuer in mir. Mir scheint, als wäre dieser Satz damals schon über Jesus geschrieben worden. Findet ihr nicht auch?“

In diesem Moment hörten wir, wie jemand rief: „Jetzt reicht es aber!“ Wir drehten uns um und sahen einige Männer, die auf Jesus zugingen. Hoffentlich tun sie ihm nichts an!, dachte ich besorgt. Mit seinem Wutausbruch hatte Jesus sich nun wirklich keine Freunde gemacht. Aber zum Glück bemühten sich die Männer, ganz ruhig zu sprechen. „Was soll das heißen: Macht das Haus meines Vaters nicht zu einem Kaufhaus? Wer erlaubt dir, so zu reden? Kannst du beweisen, dass du das alles tun darfst?“

Jesus ließ die Peitsche sinken und guckte sie furchtlos an. Dann antwortete er: „Reißt diesen Tempel ab! In drei Tagen werde ich ihn wieder aufbauen!“

Einer der Männer musste lachen. Ein anderer runzelte

die Stirn und der dritte fragte nur verächtlich: „Ach so? Jetzt hör mir mal zu: Sechsundvierzig Jahre lang wurde an diesem Tempel gebaut, und du willst ihn in drei Tagen neu bauen?“ Er schüttelte den Kopf, sagte zu den anderen: „Der ist ja verrückt!“ und ging weg.

Einen Moment lang war es ganz still, trotz der vielen Leute und der Tiere. Jesus atmete tief ein und aus, ließ dann die Peitsche auf den Boden fallen und ging ebenfalls weg. Wir gingen hinterher. Ich war erleichtert, dass die Szene nun ein Ende hatte und die Leute Jesus nicht bestraft hatten. „Ich kann ja verstehen, dass er die Geldmacherei im Tempel nicht leiden kann“, meinte ich zu den anderen. „Aber den Satz mit dem Bau in drei Tagen habe ich auch nicht verstanden.“ Die anderen zuckten ebenfalls ratlos die Schultern.

***

Später, nachdem Jesus von den Toten auferweckt worden war, erinnerten wir uns an diesen Tag im Tempel und an die Worte Jesu. Und wir verstanden, dass er von sich selber gesprochen hatte: von seinem Tod und davon, dass er nach drei Tagen wiederauferstehen würde. Da glaubten wir noch stärker an Jesus und daran, dass schon die alten Heiligen Schriften von ihm sprachen.

Nach Johannes 2,13–22

Der Mann auf dem Esel

Wenn man in Jerusalem, unserer Hauptstadt, lebt, begegnet man auf den Straßen immer wieder wichtigen Leuten. Und wenn man ein alter Mensch ist, hat man mächtige Männer kommen und gehen sehen: Hohepriester, römische Statthalter, Könige, Beamte. Ich lebe in Jerusalem und ich bin eine alte Frau. Also glaubt mir: Ich weiß, wovon ich rede.

Als ich heute Morgen ein Jubeln durch die Gassen schallen hörte, wunderte ich mich daher erst einmal nicht weiter. Da stolzierte gewiss wieder irgendein so genannter wichtiger Mensch durch die Straßen. Nun, ich hatte gerade nichts Besseres zu tun und muss auch zugeben, dass ich ein bisschen neugierig war. So folgte ich der Richtung, aus der die Rufe kamen. Ich ging immer schneller, obwohl ich dabei keuchen musste. Wer war da wohl auf der Straße zu sehen? Ein König? Ein Priester? Einer von uns Juden oder etwa ein Römer? Von hinten näherte ich mich der Menschenmenge. Wie dumm, dass ich so klein bin! Deshalb konnte ich zuerst gar nichts sehen. Ich quetschte mich durch die Reihen. Endlich stand ich vorne. Meine Augen suchten nach einem Mann in einem goldenen Gewand, vielleicht mit einem besonderen Hut auf dem Kopf. Wo war er, der so bejubelt wurde? Ich hielt Ausschau nach Dienern, die den Erhabenen auf einem Sessel trugen. Oder die mit großen Fächern für kühle Luft sorgten. Ihr müsst nämlich wissen, dass es bei uns meistens sehr warm ist.

Aber ich sah nichts dergleichen. Oder war ich blind? Denn die Leute um mich herum winkten alle mit Zweigen. Ich verstand immer noch nicht, wem diese ganze Aufregung galt. Auf der anderen Straßenseite zog sogar jemand seinen Mantel aus und legte ihn auf den staubigen Boden. Ich sah ihn genau an und folgte seinem Blick: Er schaute auf einen Mann, der nun auf einem Esel die Straße entlanggeritten kam. Ja, jetzt fiel es mir auf: Auch die anderen Zuschauer blickten alle auf diesen und jauchzten noch lauter, obwohl der Mann noch ein ganzes Stück von uns entfernt war.

Ich muss euch ehrlich sagen: Ich war zunächst enttäuscht. Nur ein Mann auf einem Esel. Er trug ganz normale Kleidung. Kein Gold, keine glänzenden Gewänder, keinen Schmuck. Schon allein die Tatsache, dass er auf einem Esel ritt, kam mir komisch vor. Das Tier hatte noch nicht einmal einen schön verzierten Sattel. Nein, einfach bloß ein paar Gewänder lagen auf dem Tier, und darauf saß dieser Mann.

Die Kleidung war nicht das Einzige, das mich verwirrte. Wie gesagt: Ich habe schon viele bedeutende Männer beobachtet. Wenn die an einer Menschenmenge vorbeikommen und die Menschen jubeln ihnen zu, dann lächeln sie stolz und winken ein wenig mit der Hand. Man sieht ihnen an, wie sehr sie den Beifall genießen. Nicht so dieser Mann auf dem Esel. Fast sah es so aus, als würde ihm gar nicht auffallen, welchen Wirbel er verursachte. Er saß einfach nur auf dem Esel und hielt sich fest. Mehr nicht. Vor ihm und hinter ihm gingen Menschen und jubelten, und am Straßenrand standen Leute und winkten mit Zweigen. Und er reagierte gar nicht. Könnt ihr euch das vorstellen?

Als er näher kam, versuchte ich, in seine Augen zu sehen. Das war schwierig, denn er guckte nicht zu mir herüber. Stattdessen blickte er immer nach vorne. Obwohl: Wie ich ihn so betrachtete, schien mir, als würde er gar nicht nach vorne, sondern vielmehr nach innen gucken.

Das klingt jetzt vielleicht komisch für euch, aber so wirkte es auf mich: Er hatte zwar die Augen geöffnet, aber ich glaube, er

bekam von dem Trubel um ihn herum gar nicht viel mit. Er wirkte sehr ruhig und in sich gekehrt, so wie jemand, der betet. Versteht ihr, was ich meine?
Als er direkt an uns vorüberritt, verstand ich endlich, was die Leute die ganze Zeit jubelten: „Hosanna!" Nun, das war ebenfalls ungewöhnlich. „Rette doch!" bedeutet dies in unserer Sprache. Glaubten sie wirklich, dieser Mann auf dem Esel könnte uns retten? Und das war noch gar nicht alles: „Gesegnet sei er, der kommt im Namen des Herrn. Gesegnet sei das Reich unseres Königs David, das nun kommt. Hosanna in der Höhe!" Ja, war ich denn die einzig Normale unter lauter Verrückten? Meinten die ernsthaft, dieser Mann würde uns von den Römern befreien und das Reich des Königs David wieder aufbauen? Doch halt! Ja, alle bedeutenden Männer, die ich in meinem langen Leben schon gesehen habe, sahen anders aus. Aber ich muss euch sagen: Diese so genannten bedeutenden Männer haben unserem Volk und mir selber gar nichts gebracht. Schon gar nichts Gutes. Die meisten waren nur an ihrem eigenen Ruhm, an Macht und Reichtum interessiert. Aber dieser hier war anders. Das habe ich ja schon gesagt. Vielleicht musste ja so ein „ganz anderer" kommen, um Rettung zu bringen. Vielleicht brauchte es einen, der nach innen schauen konnte und nicht am äußeren Jubel interessiert war. Vielleicht war er tatsächlich ein Gesegneter. Da konnte ich nicht anders und rief selber: „Hosanna! Bring doch Hilfe!"

Nach Markus 11,7–10

Ein Abend in Jerusalem

„Judith", sagte meine Mutter, „mach nicht so einen Lärm! Oben im Saal sind Gäste!" Also ehrlich! Ich war wirklich nicht sehr laut gewesen. Meine Mutter schien ja ganz schön nervös zu sein. Es waren wohl besondere Gäste da im Obergeschoss. Und so wurde ich neugierig.

Ich ging die Treppe hinauf und stellte mich an die Tür, aber so, dass man mich nicht sehen konnte. Ach ja, da war ja Jesus. Wie konnte ich das vergessen? Dabei hatte mein Vater vorher doch gesagt: „Jesus wird bei uns mit seinen Freunden ein Abendmahl feiern." Mensch, daran hatte ich wirklich nicht mehr gedacht. Ich hatte mich doch gefreut, dass Jesus in unser Haus kommen würde. Schließlich hatte ich ihn schon ein paar Mal in der Stadt gesehen. Aber immer waren viele Leute um ihn herum. Ich kam kaum in seine Nähe. Ich verstand auch gar nicht alles, was er predigte. Aber eines hatte ich verstanden: Er war ein besonderer Mann und wollte Gutes für alle Menschen. Er sprach viel von der Liebe Gottes. Er fasste sogar Leute mit schlimmen Krankheiten an oder aß zusammen mit Menschen, die böse Dinge getan hatten. Kurz: Er mochte scheinbar auch solche Leute, um die meine Eltern einen großen Bogen machten. Irgendwie gefiel mir das an Jesus. Und nun war er also bei uns im Haus, oben in dem großen Raum, den mein Vater öfter an Leute vermietet, die selbst keinen Platz für ein Fest haben. Jesus und seine Freunde hatten sich zum Essen um den Tisch versammelt. Doch dann sah ich, dass Jesus noch einmal aufstand. Schnell verkroch ich mich in einer Ecke. Hatte er mich doch gesehen und würde nun schimpfen? O je, das gäbe einen ganz schönen Ärger mit meinen Eltern ... Aber dann erschien er gar nicht in der Tür. Ich wartete einen Moment, dann lugte ich wieder um die Ecke in den Raum hinein. Da sah ich, dass Jesus zu den Wasserkrügen gegangen war und Wasser in eine Schale goss. Hatte er sich schmutzig gemacht? Doch nein, was machte er denn nun? Er nahm die Schale und begann, seinen Jüngern die Füße zu waschen! Ich traute meinen Augen nicht! Dafür waren doch die Sklaven da! Wenn mein Vater von der staubigen Straße nach Hause kommt, eilt gleich ein Sklave herbei, zieht ihm die Sandalen aus und wäscht ihm die Füße. Aber Jesus war doch kein Sklave! Er war doch so etwas wie ein Lehrer! Die anderen Männer schienen vor lauter Überraschung sprachlos zu sein, jedenfalls sagte keiner etwas, bis die Reihe an einen kam, der Petrus hieß. Er war mir schon in der Stadt aufgefallen, deshalb kannte ich seinen Namen. Anscheinend

war er so eine Art Sprecher. Und nun sprach er mir wirklich aus dem Herzen: „Du, Herr, willst mir die Füße waschen?“, fragte er Jesus. Eben, das meinte ich doch! Das konnte doch nicht sein. Vielleicht sollte ich nach unten gehen und einen unserer Sklaven holen? Mein Vater hatte wohl nicht daran gedacht, einen hochzuschicken. War Jesus deswegen beleidigt und wusch jetzt trotzig selber die Füße? Allerdings guckte er gar nicht trotzig. Eher im Gegenteil: Er blickte diesen Petrus sehr freundlich an. Ach, dieser Blick, der konnte einem ganz durch und durch gehen! Ein bisschen so, wie meine Mutter mich ansieht, wenn ich mir wehgetan habe oder krank bin. Es ist schwierig zu beschreiben.

Jedenfalls antwortete Jesus dem Petrus: „Was ich tue, verstehst du jetzt nicht,

aber später wirst du es verstehen." Petrus gab sich damit aber nicht zufrieden: „Niemals sollst du mir die Füße waschen!" Und er rückte ein Stück weg von Jesus. Da sagte Jesus etwas, das mich erschreckte: „Wenn ich dich nicht wasche, gehörst du nicht zu mir!" Es war ihm also sehr ernst damit. Er hatte wohl ganz bewusst diesen schmutzigen Dienst übernommen. Ich muss zugeben: Auf diese Idee wäre ich nie gekommen! Ich bin doch die Tochter des Hausherrn! Naja, ich habe ja schon gesagt: Jesus ist irgendwie ein besonderer Mensch. Aber manchmal auch schwer zu verstehen. Ich konnte jedenfalls gut verstehen, dass Petrus gerne zu Jesus gehören wollte und sich deshalb jetzt nicht mehr sträubte. Er ging sogar gleich aufs Ganze. „Dann nicht nur die Füße!", rief er. „Dann wasch mir auch die Hände und das Gesicht!" Aber Jesus entgegnete, dass das nicht nötig sei.
„Judith! Wo steckst du?", rief in diesem Moment meine Mutter. Die war gut! Erst sagte sie mir, ich sollte keinen Lärm machen, und jetzt schallte ihre Stimme durchs ganze Haus! Prompt drehten sich alle oben im Saal zur Tür hin und sahen mich dort stehen. Sofort bekam ich einen roten Kopf, und während ich mich schon herumdrehte, um nach unten zu laufen, blickte ich in das Gesicht von Jesus. Er schaute mich direkt an mit einem Blick, als wollte er mir etwas sagen. Ich sehe ihn noch genau vor mir. Aber was kann es sein, das er mir sagen wollte? Ich bin doch nur ein kleines Mädchen.

Zu Johannes 13,1–10

Brot und Wein

Dieses Abendessen würde ich niemals vergessen. Dies war wahrhaftig kein gewöhnliches Abendessen: Es war ein feierliches Abendmahl.
Es lag nicht am Essen selber, dass das Mahl für immer in meiner Erinnerung sein würde. Die Speisen waren wie jedes Jahr, wenn wir das Fest der Befreiung unseres Volkes Israel feierten: Vor langer Zeit hatten die Israeliten in Ägypten gelebt. Dort mussten sie als Sklaven arbeiten. Aber schließlich hatte Gott unser Volk aus der Not befreit. Das ganze Essen an diesem Fest erinnerte an diese wunderbare Rettung: Es gab zum Beispiel nur ganz einfaches Brot, wie damals. Es gab bittere Kräuter, weil das Leben in Ägypten so schlimm gewesen war. Es gab ein Mus aus Früchten, das zwar sehr lecker schmeckte, aber braun war wie der Lehm, mit dem die Israeliten in Ägypten Ziegel herstellen mussten. Es gab Lammfleisch und roten Wein.
Das war also alles nicht außergewöhnlich. Das hatte ich an diesem Fest gegessen, solange ich denken konnte. Und das aß ich auch in diesem Jahr, als ich das Fest mit meinem Lehrer und Meister Jesus von Nazaret und anderen Jüngern feierte. Wie immer wurden bei diesem Essen bestimmte Gebete gesprochen und die Geschichte von Gottes Wirken wurde erzählt. So weit war alles wie sonst.
Auch als Jesus Brot nahm und ein Gebet sprach, wunderte ich mich nicht weiter: „Groß bist du, Gott. Du hast den Himmel und die Erde gemacht. Du hast auch dieses Brot gemacht. Wir danken dir dafür." Aber was dann kam, war unerwartet. Jesus brach das Brot in mehrere Stücke und gab allen am Tisch etwas davon. Dabei sagte er: „Nehmt, das ist mein Leib." Wir alle

schauten uns verwundert an. Ich fragte mich: Was soll das bedeuten? Wieso ist das sein Leib? Was meint Jesus damit? Aber ich wagte nicht, laut nachzufragen, denn im Raum war plötzlich eine besondere, eine ernste Stimmung. Deshalb aß ich das Brot schweigend, wie die anderen es taten.
Anschließend nahm Jesus einen Becher mit Wein. Auch jetzt betete er: „Groß bist du, Gott! Du hast den Himmel und die Erde gemacht. Du hast auch den Wein geschaffen. Dafür danken wir dir.“ Und er reichte den Becher dem Jünger, der neben ihm saß. Er hieß Johannes. Johannes trank einen Schluck daraus und gab ihn dann weiter. Während der Becher weitergereicht wurde, schaute Jesus von einem zum anderen und sagte: „Das ist mein Blut. Das Blut des Bundes. Ich werde es für euch vergießen.“

***

Plötzlich fühlte ich mich schwer und traurig. Sprach Jesus von seinem Tod? Er hatte tatsächlich schon häufiger angedeutet, dass er sterben würde. Aber was soll das heißen: Er vergießt sein Blut für uns?, dachte ich still. Bevor ich eine Antwort finden konnte, reichte mir der Jünger neben mir den Kelch. Ich nahm ihn und blickte zu Jesus. Jesus schaute in diesem Moment zu mir und nickte mir zu, dass ich trinken solle. Eine große Freundschaft und auch eine große Traurigkeit lagen in seinem Blick. Ich trank von dem Wein. Mir wurde klar: Nie im Leben würde ich diesen Blick vergessen. Danach gab ich den Becher an meinen Nachbarn auf der anderen Seite weiter. Als der Becher wieder bei Jesus ankam, sangen wir alle ein Loblied über Gottes große Wundertaten. Damit endete das Abendmahl. Schließlich stand Jesus auf und verließ den Raum. Wir folgten ihm.

Noch in derselben Nacht wurde Jesus verhaftet und am nächsten Tag am Kreuz getötet. Ich erinnerte mich an das letzte Abendmahl: Ja, Jesus hatte dort tatsächlich von seinem Tod gesprochen. Auch die anderen Jünger erinnerten sich und wir beschlossen, immer wieder ein solches Mahl zu halten und uns dabei an Jesus zu erinnern. Und wenn wir dann zusammen waren und jemand Brot und Wein nahm und Jesu Worte wiederholte: „Das ist mein Leib. Das ist mein Blut", dann fühlten und wussten wir: Jesus war wirklich bei uns.

Nach Markus 14, 22–26

Fragen über Fragen

Das konnte doch nicht wahr sein! Einer von uns hatte Jesus an die Soldaten verraten. Ich verstand es einfach nicht. Jetzt war Jesus ein Gefangener. Die Gelehrten und Ältesten hatten schon länger darauf gewartet, etwas gegen ihn in der Hand zu haben. Sie wollten ihn aus dem Weg räumen. Und einer von uns Zwölfen hatte ihnen dabei geholfen. Judas Iskariot, um genau zu sein.

Ja, es war manchmal schwierig gewesen, Jesus zu verstehen. Einmal hatte er gesagt, wir sollten sein Fleisch essen und sein Blut trinken. Das war schon sehr merkwürdig! Aber stärker als meine Zweifel war meine Hoffnung, dass er wirklich der von Gott versprochene Retter war. Und was er von der Liebe Gottes sagte, berührte mein Herz. Mulmig wurde mir immer, wenn er die Ältesten und die Schriftgelehrten durch seine Worte herausforderte. Was er von Gott erzählte, war viel freundlicher als das, was sie sagten. Sie redeten vor allem davon, dass wir die Gebote einhalten sollten. Bei Jesus hingegen ging es vor allem um die Liebe: Liebe zu Gott und zu den anderen Menschen, sogar zu mir selber. Das gefiel mir. Und es gefiel mir auch, dass er keine Angst vor diesen Angebern hatte. Ich aber hatte Angst vor deren Macht und Gewalt. Ich war noch nie besonders mutig gewesen.

Und nun war er tatsächlich in deren Händen und Judas hatte ihnen geholfen. Ausgerechnet mit einem Kuss hatte er den Soldaten gezeigt, wer Jesus war. Dabei war dies doch ein Zeichen von Freundschaft! Wusste Judas denn nicht, dass sie Jesus töten wollten? Was hatte er sich bloß dabei gedacht? Er hatte doch – so wie ich – sein altes Leben für Jesus zurückgelassen: seine

Familie, seinen Beruf und seine Freunde. Das zeigte doch, dass Jesus ihm viel bedeutete. Zudem hatte er die Predigten und Wundertaten von Jesus miterlebt. Das konnte ihm doch nicht egal sein! Ob er Geld für seine Informationen erhalten hatte? Ob er sich das Leben mit Jesus anders vorgestellt hatte und nun enttäuscht war von ihm?

Es blieb dabei: Es war einfach unfassbar! Ich musste mich dringend mit den anderen darüber unterhalten, sonst würde ich noch verrückt. Aber wo waren die anderen? Ich war nicht der Einzige gewesen, der bei der Verhaftung von Jesus geflohen war. Jetzt schämte ich mich, dass ich nicht bei Jesus geblieben war. Aber wie bereits gesagt: Ich war immer schon eher ängstlich gewesen.

Und wie stand es wohl gerade um Jesus? Ich glaubte kaum, dass man ihn fair behandeln würde. Am besten würde ich mal zum Palast des Hohenpriesters gehen. Dort hatten sie ihn gewiss nach der Verhaftung hingebracht. Vielleicht könnte ich unauffällig etwas herausfinden. Und vielleicht würde ich dort auch einen der anderen Jünger treffen. Ob die mir erklären könnten, was Judas zu dieser Tat gebracht hatte? Und wo war der überhaupt? Würden wir ihn jemals wiedersehen? Fragen über Fragen kreisten in meinem Kopf. Würde ich jemals Antworten finden?

Zu Markus 14,10–11.43–53

Ein König am Kreuz

Als mein Vater nach Hause kam, spürte ich gleich, dass etwas passiert war. Auch meine Mutter schien etwas zu bemerken, denn sie fragte ihn: „Linus, du bist so nachdenklich. Was ist los?“ Aber der Vater beantwortete die Frage nicht. Er sagte nur: „Lasst mich! Ich gehe mich umziehen.“

Ich schaute meine Mutter an: „Was hat er denn?“ Sie hatte eine Vermutung: „Ach, Julia, vielleicht ist heute wieder jemand getötet worden. Vielleicht musste Papa bei der Hinrichtung helfen.“ Mir lief es kalt den Rücken herunter. Ja, manchmal wurden böse Menschen an Kreuze genagelt, um zu sterben. Vater hatte mir erklärt, dass dies eine Strafe für schwere Verbrechen war. Manchmal musste er dabei helfen, denn er war ein römischer Hauptmann. Aber das gefiel ihm nicht.

Als der Vater später ohne seine Soldatenkleider zurückkam, fragte Mama direkt: „Warst du wieder bei einer Kreuzigung?“ Vater nickte stumm. Ich fragte nach: „Hast du einen schlimmen Verbrecher bestraft?“ Er zuckte mit den Schultern. „Wofür wurde der Verbrecher denn bestraft?“ Ich ließ nicht locker, denn ich wollte es genau wissen. Und endlich machte der Vater den Mund auf: „Es war gar nicht nur einer, es waren drei. Zwei davon waren Räuber.“ Er machte wieder eine Pause.

Ich wurde ungeduldig. Das war ja ein anstrengendes Gespräch! „Und was war mit dem dritten?“ – „Der geht mir einfach nicht aus dem Sinn“, sagte der Vater. „Was war seine Schuld?“, fragte Mutter. Da beschrieb Papa uns das Schild, das oben am Kreuz hing. Darauf wurde geschrieben, was der Gekreuzigte getan hatte. „Bei dem dritten Mann stand auf dem Schild: Jesus von Nazaret, der König der Juden.“ Meine Mutter erkundigte sich:

„Hat dieser Jesus von sich behauptet, er sei der König?“ Aber mein Vater wusste es nicht so genau: „Entweder er selber oder seine Jünger.“ Dann erzählte er weiter: „Zuerst musste ich grinsen, als ich ihn und das Schild sah: Toller König, dachte ich. Ein König, der am Kreuz hängt!“ Und Vater berichtete, dass auch viele andere Leute sich über den Mann am Kreuz lustig machten. Zuerst die Soldaten, die ihm eine Krone aus Dornen auf den Kopf gedrückt hatten. Später die Neugierigen, die der Kreuzigung zuguckten.

„Aber dann fiel mir auf, dass er wirklich ganz anders war als die Verbrecher, die sonst gekreuzigt werden“, fuhr Vater fort. „Er war gar nicht voller Zorn oder böser Gedanken. Im Gegenteil: Er betete sogar und sagte: ‚Herr, vergib ihnen, denn sie wissen nicht, was sie tun.‘“ – „Meinte er denn dich damit? Und die anderen Soldaten?“, fragte Mama. Ich bekam ein komisches Gefühl im Bauch. So etwas hatte Vater noch nie erzählt. Papa beantwortete diese Frage nicht. Vielleicht wusste er selber keine Antwort. Er erzählte weiter: „Jesus redete auch ganz freundlich mit einem der Räuber. Das war wirklich außergewöhnlich.“ Meine Mutter und ich wunderten uns: „Sie haben sich unterhalten?“ – „Ja“, meinte mein Vater. „Der Räuber bat ihn: ‚Denke an mich, wenn du in dein Reich kommst!‘“ Das fand ich schwer zu verstehen: „Also hat er doch ein Reich? Dann ist er doch ein König!“ Aber der Vater hatte es so verstanden, dass es um ein Paradies nach dem Tod ging. „Wie ging es weiter?“, fragte ich nun gespannt.

„Habt ihr nicht auch diese Dunkelheit heute am Tag erlebt?“, fragte der Vater zurück.

Wir nickten. Ich erinnerte mich wieder an den Schreck, den ich bekam, als es mitten am Tag dunkel wurde. Jetzt erfuhr ich, was geschehen war: „Die Sonne verfinsterte sich zu der Zeit,

als Jesus dort am Kreuz hing. Dann rief er laut: ‚Gott, mein Vater, in deine Hände lege ich mein Leben!' Und mit diesen Worten starb er." Für einen Moment schwiegen wir alle.

„Was hältst du von alldem?", wollte die Mutter wissen. „War er wirklich ein König?" Der Vater blickte jetzt wieder sehr nachdenklich. „Auf jeden Fall war er ein guter Mensch", antwortete er langsam. „Er war voller Freundlichkeit und Geduld. Selbst dort am Kreuz. Und wenn alle Könige und Kaiser so wären wie er, dann sähe es in unserer Welt viel besser aus. Dann gäbe es viel weniger Kriege und Ungerechtigkeit." Das leuchtete auch mir ein.

Was Vater allerdings danach sagte, war für mich schwerer zu begreifen: „Je länger ich seit heute Nachmittag über Jesus nachdenke und darüber, was er am Kreuz sagte, desto klarer wird mir: Das war nicht nur ein Mensch. Dies war wirklich der Sohn Gottes."

Zu Lukas 23, 32–47 und Matthäus 27, 54

Tränen im Garten

Ich hatte ihn wirklich sehr gern, denn er war nicht so wie andere Männer. Die beachteten eine einfache Frau wie mich meist gar nicht. Die guckten mich gar nicht an oder einfach gleich weiter. Bei Jesus war das anders. Wenn er einen anguckte, schaute er einem bis ins Herz hinein. Oh, ich sage dir, das war gar nicht so angenehm. In meinem Herzen sind auch viele Dinge verborgen, die mir selber gar nicht gefallen: schlechte Taten, böse Gedanken, lästerliche Worte. Auch Wut und Traurigkeit. Ich sehe selber gar nicht so gerne hin.
Aber dann passierte etwas Überraschendes: Jesus erkannte dies wohl alles, doch lehnte er mich deswegen gar nicht ab! Er sah in mein Herz, aber mit viel mehr Freundlichkeit, als ich es selber tue. So bekam ich die Kraft, mein Leben zu ändern, und wurde seine Jüngerin. Ich verließ meinen Heimatort Magdala am See Gennesaret und zog mit Jesus durch die Lande. Vielen anderen Männern und Frauen ging es ähnlich. Wir waren eine ganze Gruppe, die mit ihm zog, Männer und Frauen, manche schon älter, andere jünger. Wir hörten, wie er predigte und lehrte, sahen, wie er heilte und Sünden vergab. Aber nicht allen gefiel das. Manche Männer, die sich für wichtig hielten, fürchteten um ihren Einfluss beim Volk und wollten Jesus deshalb umbringen. Und stell dir vor: Obwohl Jesus so viel Gutes gesagt und getan hatte, erreichten sie, dass er hingerichtet wurde. Ich konnte es nicht fassen: Jesus starb am Kreuz. Er, der Barmherzige, von dem wir dachten, er sei der Sohn Gottes, starb wie ein Verbrecher. Es war entsetzlich. Mein Herz schien zu zerreißen. Wie sollte es weitergehen? Welchen Sinn hatte mein Leben noch? War das denn der Wille Gottes?

Wie benommen ging ich eines Morgens in den Garten, in dem sein Grab war. Wenigstens auf diese Weise wollte ich in seiner Nähe sein. Ich wollte mich dort an alles erinnern, was er gesagt und getan hatte. Und dann der nächste Schreck: Als ich an das Grab kam, lag Jesus gar nicht darin! Der Stein vor dem Grab war weggerollt. Das Grab war leer.

Voller Schreck rannte ich zu zweien der Freunde Jesu und rief: „Hilfe! Man hat Jesus aus dem Grab genommen. Wo kann er bloß sein?" Das machte auch die beiden Männer unruhig und sie liefen mit mir zum Grab. Aber es war wirklich so, wie ich gesagt hatte: Der Tote war nicht mehr in diesem Grab. Es lagen dort nur die Tücher, mit denen er begraben worden war. Die Männer wussten auch nicht weiter. Da gingen sie wieder zurück nach Hause.

Ich blieb alleine im Garten. Was sollte ich nun machen? Mit Tränen in den Augen blickte ich erneut in das Grab hinein und erschrak: Dort saßen auf einmal zwei Männer, die ich nicht kannte. Sie sahen etwas ungewöhnlich aus in ihren leuchtenden Gewändern. Einer saß da, wo der Kopf Jesu gelegen hatte,

der andere da, wo die Füße hingelegt worden waren. Jetzt musste ich noch mehr weinen, denn Jesus war offensichtlich nicht nur umgebracht, sondern auch weggeschafft worden. Ich verstand nichts mehr. Die Männer verstanden allerdings auch nichts: Sie saßen in Jesu Grab und fragten mich doch allen Ernstes: „Frau, warum weinst du?“ Also erklärte ich ihnen: „Man hat meinen Herrn weggenommen und ich weiß nicht, wohin man ihn gelegt hat.“ Aber bevor ich dazu kam, die Männer zu fragen, ob sie etwas wüssten, hörte ich ein Geräusch hinter mir und drehte mich um. Da stand ein weiterer Mann, vermutlich

der Gärtner. Auch er fragte mich: „Warum weinst du? Wen suchst du?“
Nun, dachte ich, wenn er der Gärtner ist, weiß er ja wohl, was in diesem Garten vor sich geht. Deswegen sagte ich: „Herr, wenn du ihn weggebracht hast, sag mir, wohin du ihn gelegt hast. Dann will ich ihn holen.“ Da sagte der Mann meinen Namen und die Art, wie er „Maria“ sagte, traf mich mitten ins Herz. Mit einem Mal wusste ich: Es war Jesus. Er war nicht mehr in diesem Grab, aber er war auch in keinem anderen Grab. Er lebte!
In diesem Moment kamen mir schon wieder Tränen in die Augen, diesmal aber Freudentränen. Vor lauter Glück konnte ich gar nichts sagen, nur „Rabbuni!“ – das heißt in unserer Sprache: „Mein Meister“. Ich wollte ihn am liebsten fest in den Arm nehmen. Aber er ließ mich nicht. „Halte mich nicht fest!“, sagte er, als würde er ahnen, dass ich ihn nie wieder losgelassen hätte. Als er jedoch weitersprach, bekam ich eine wichtige Aufgabe: „Maria, bitte geh zu meinen Jüngern und sag ihnen: Ich gehe hinauf zu meinem Vater und zu eurem Vater, zu meinem Gott und zu eurem Gott. Wirst du das für mich tun?“ Ja, das wollte ich tun. Schnell lief ich zu den Männern und erzählte ihnen, dass ich unseren Herrn gesehen hatte und was ich ihnen ausrichten sollte. Nun konnte ich die Freude mit anderen teilen: „Jesus lebt! Ist das nicht wunderbar?“

Nach Johannes 20,11–18

Blind

„Gehst du mit mir nach Emmaus?“, fragte mich Kleopas. Ohne zu zögern, stimmte ich zu. Ich war sogar froh über diesen Vorschlag. Wegen Jesus war ich nach Jerusalem gekommen. Doch der war vor drei Tagen gestorben. Was sollte ich also noch in Jerusalem?
Wir machten uns auf den Weg. Es tat mir gut, mit einem Freund unterwegs zu sein, der genauso geschockt war wie ich. Kleopas war ja auch ein Freund von Jesus gewesen. „Ich kann es immer noch nicht fassen!“, sagte ich zu ihm. Und Kleopas nickte traurig: „Ich hatte so fest geglaubt, dass Jesus der Sohn Gottes ist. Erinnerst du dich noch, wie er die Kranken heilte?“ Natürlich erinnerte ich mich. Aber ratlos musste ich feststellen: „Nur sich selber konnte er nicht helfen.“ Und mir kamen wieder die Bilder von Jesus auf seinem letzten Weg in den Sinn: Sein Rücken war blutig von den Schlägen der Soldaten, der Kopf verletzt von der Dornenkrone und der Körper schwach vom Tragen des schweren Kreuzes. So sah doch kein Retter aus.

***

Während wir sprachen, holte uns von hinten ein Mann ein. Eine Weile ging er neben uns her und hörte uns zu. Dann fragte er uns: „Worüber redet ihr da?“ Überrascht blieben wir stehen: Hatte der denn keine Ahnung? Kleopas meinte zu ihm: „Du kommst doch auch gerade aus Jerusalem. Hast du denn nicht mitbekommen, was dort in dieser Woche passiert ist?“ Der Mann zuckte mit den Schultern: „Was denn?“ Da sprudelte es aus mir heraus: „Na, das mit Jesus von Nazaret. Er war ein ganz besonderer Mann. Er sprach von Gottes Liebe und tat wunderbare Dinge. Trotzdem hat man ihn zum Tode verurteilt und gekreuzigt." Ich machte eine Pause. Kleopas sprach weiter: „Wir hatten gehofft, er würde die Menschen retten. Aber seit drei Tagen ist diese Hoffnung zerstört." Er schluckte. Da wir denselben Weg hatten, gingen wir zu dritt weiter. Ich erklärte dem Mann noch mehr: „Und das ist noch nicht alles. Heute Morgen gingen einige Frauen zu seinem Grab. Doch das Grab war leer. Zwar erzählten die Frauen etwas von einem Engel, der ihnen angeblich sagte: ‚Jesus lebt.' Aber ich glaube, man hat den Leichnam gestohlen. Ach, es ist alles so furchtbar." Bislang hatte der Mann nur zugehört. Doch nachdem wir alles berichtet hatten, fragte er uns: „Ist das denn so schwer zu verstehen? Glaubt ihr denn nicht, was die Propheten in der Bibel sagen?" Und auf dem ganzen restlichen Weg nach Emmaus erklärte er uns, was Gott durch Mose und die anderen Propheten gesagt hatte. Was der alles wusste! So hatte ich das noch nie gesehen! Ich fing an zu verstehen, warum Jesus sterben musste. Und dass wir gerade deswegen neues Leben bekommen könnten.

Die Zeit verging wie im Flug. Schon wurde es Abend und wir kamen in Emmaus an. Der Mann wollte weitergehen. Aber wir sagten zu ihm: „Es wird schon dunkel. Bleib lieber bei uns!" Und wir luden ihn zum Essen ein.

Am Tisch nahm der Mann das Brot und sprach ein Gebet: „Groß bist du, Gott. Du hast den Himmel und die Erde gemacht. Du hast auch dieses Brot gemacht. Wir danken dir dafür." Dann brach er das Brot und gab es uns.

Und in diesem Moment war mir plötzlich klar: Dies hier war nicht irgendein Wanderer. Dies war Jesus! Wie konnte ich denn

vorher so blind sein? Ich hatte mich zwar gewundert über alles, was er sagte. Und ich hatte ihm gerne zugehört. Aber dass es Jesus selber war, hatte ich nicht bemerkt. Vielleicht war ich zu traurig gewesen, um es zu bemerken. Nun aber, in dem Augenblick, in dem mir alles klar wurde, war Jesus verschwunden.
Ich guckte Kleopas an. Der hatte es auch verstanden: „Die Frauen heute Morgen hatten Recht: Jesus lebt! Das müssen wir den anderen erzählen!“ Und obwohl es schon dunkel war und obwohl der Weg weit war, liefen wir sofort zurück nach Jerusalem zu den anderen Freunden von Jesus. Bevor wir aber etwas sagen konnten, erzählten diese uns ganz aufgeregt: „Stellt euch nur vor: Jesus ist wirklich auferstanden! Simon hat ihn selber gesehen!“ – „Ja, wir wissen es schon“, sagten wir. Und dann erzählten wir von unserem Weg nach Emmaus: „Wir erkannten Jesus erst gar nicht. Unsere Augen und Herzen

waren blind. Aber als er das Brot brach, so wie beim Abendmahl vor seinem Tod – da wurde uns klar: Dies ist Jesus. Er hat den Tod besiegt!“

Nach Lukas 24,13–35

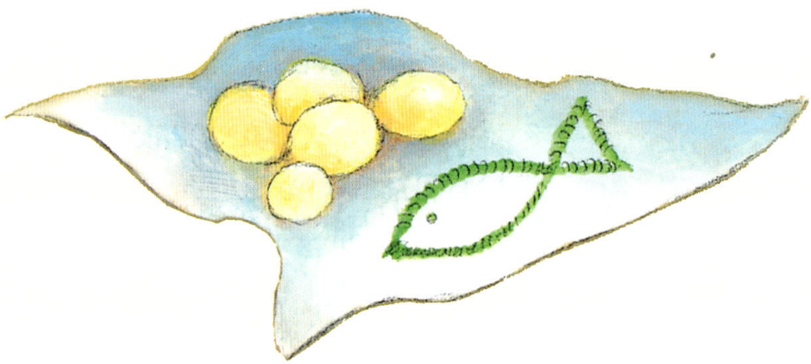

„Es ist Jesus!“

„Kommt, lasst uns fischen gehen!“, hatte Petrus gesagt. Ich war mir erst nicht sicher. Sollten wir denn nun wieder unser altes Leben führen, nach allem, was geschehen war? Erst der schreckliche Tod von Jesus am Kreuz und dann drei Tage später die Botschaft: „Er ist von den Toten auferstanden und einigen Jüngern erschienen!“ Das war doch alles etwas viel für mich. Und jetzt einfach an die alltägliche Arbeit gehen? Andererseits: Petrus hatte Recht. Das Grübeln nutzte sowieso nichts. Unsere Familien mussten ja ernährt werden. Daher stimmte ich schließlich seinem Vorschlag zu. Fünf andere Männer kamen ebenfalls mit. Wir stiegen also zu siebt ins Boot und fuhren los. Aber wir hätten es auch genauso gut sein lassen können: Wir waren die ganze Nacht über auf dem See Gennesaret und fingen in unserem Netz keinen einzigen Fisch! Nicht einmal einen ganz kleinen.

So fuhren wir beim Sonnenaufgang müde und frustriert wieder zurück an Land. Das leere Netz lag im Boot. Als wir am Ufer ankamen, stand dort ein Mann und fragte: „Kinder, habt ihr nicht etwas zu essen?“ Der hatte mir noch gefehlt! Wir hatten ja

nicht einmal für unsere Familien etwas! Sah er das nicht? „Nein“, sagte Petrus knapp, während wir anderen nur stumm die Köpfe schüttelten. Trotzdem ging der Mann nicht weg, um woanders Fisch oder Brot zu bekommen. Er sagte: „Werft euer Netz an der rechten Seite aus! Dort werdet ihr Fische fangen!“ Erst dachte ich: „Besserwisser! Wir haben doch stundenlang gearbeitet!“ Aber irgendetwas an diesem Mann brachte uns alle dazu, es noch einmal zu versuchen.

Wir stiegen wieder ins Boot und fuhren ein zweites Mal auf den See hinaus. Und tatsächlich: Nach kurzer Zeit war das Netz so voll, dass wir es nicht ins Boot holen konnten! Das war eine Überraschung, geradezu unglaublich. „Es ist der Herr!“, rief Johannes. Er hatte es zuerst verstanden. „Es ist Jesus!“ Petrus, der immer etwas stürmisch war, sprang daraufhin ins Wasser. Er schwamm los, um schneller zum Ufer und zu Jesus zu gelangen. Die letzten hundert Meter ruderten wir also ohne ihn und versuchten, das volle Netz mitzuziehen.

Am Ufer angekommen, sahen wir: Da brannte ein kleines Lagerfeuer. Darauf lagen gegrillte Fische. Auch Brot war bereitgelegt. Gleichwohl forderte uns Jesus auf, auch von unseren Fischen einige zu holen. Petrus half uns, das schwere Netz endgültig an Land zu ziehen. Es brauchte wirklich sieben Männer dafür. Als wir später nachzählten, waren genau 153 große Fische in dem Netz. Ein Wunder, dass das Netz nicht gerissen war. Aber das war ja nicht das einzige Wunder an diesem Morgen.

Dann lud Jesus uns ein: „Kommt her und esst!“ Und er gab uns die Fische und teilte das Brot, wie er es auch früher schon getan hatte. Zunächst überlegte ich noch, ob ich ihn fragen sollte: „Wer bist du?“ Nur um ganz sicher zu gehen. Aber das kam mir doch dumm vor. Ich wusste einfach: Er war es wirklich. Er war Jesus, auch wenn wir ihn erst nicht erkannt hatten. Nun hatte ich selber erlebt, was einige andere früher schon berichtet hatten: Jesus lebte! Nicht mehr so, wie vor seinem brutalen Tod, sonst hätten wir ihn ja gleich erkannt. Aber er lebte. Der Tod hatte nicht das letzte Wort behalten. Gott war stärker als der Tod.

Nach Johannes 21,1–14

„Wir haben den Herrn gesehen!“

Das konnte mir ja jeder erzählen: „Thomas, stell dir vor: Wir haben Jesus, den Herrn, gesehen.“ Ja, vor seinem Tod hatte ich den auch gesehen. Aber tot ist tot. Oder was hättest du gesagt, wenn dir jemand sagt: „Wir haben Jesus gesehen!“ und du weißt, dass man diesen vor drei Tagen auf grausame Weise umgebracht hat? Es war wirklich eine grausame Art zu sterben, zu der man Jesus verurteilt hatte. Er war gekreuzigt worden. Die Soldaten hatten dicke Nägel durch seine Hände und Füße geschlagen und ihn damit an den Balken des Kreuzes befestigt. Kannst du dir vorstellen, wie weh das tut? Ich kann es nicht. Eine ganze Weile lang hing Jesus dann dort zwischen Himmel und Erde, zwischen Leben und Tod. Als er schließlich tot war, kam ein Soldat und bohrte seine Lanze in die Seite von Jesu Oberkörper. Damit wollte er sichergehen, dass der Gekreuzigte auch tatsächlich gestorben war. Und es war so: Jesus war wirklich tot.

Und nun wollten mir die anderen Jünger erzählen, dass sie ihn gesehen hätten? Dass er bei ihnen in dem Raum war, in dem sie sich aufhielten? Wollten die Witze machen? Ich sagte also: „Wenn ich nicht mit eigenen Augen die Wunden von den Nägeln sehe, glaube ich euch kein Wort. Und wenn ich nicht mit meinen Fingern die Wunde von der Lanze berühre, werde ich nicht glauben.“ Das war doch wohl deutlich, findest du nicht? Einer sagte: „Es stimmt aber. Er begrüßte uns mit den Worten: Friede sei mit euch.“ Aber ich schüttelte ungläubig den Kopf. Da meinte ein anderer: „Dir ist nicht zu helfen, Thomas!“ Die Übrigen zuckten mit den Schultern und wir redeten nicht weiter darüber. Ich dachte selber auch gar nicht weiter über

die Geschichte nach. Mich beschäftigten ganz andere Sorgen: Wie sollte es denn jetzt nach dem Tod von Jesus mit uns weitergehen?
Eine Woche später waren wir wieder alle zusammen. Wir machten die Tür hinter uns zu, denn wir wollten nicht gestört werden. Und dann kam er tatsächlich! Obwohl wir doch die Tür verschlossen hatten, stand Jesus plötzlich mitten im Raum. Kann man das verstehen? Er begrüßte uns: „Friede sei mit euch!" Anschließend machte er ein paar Schritte auf mich zu und sagte: „Thomas, strecke deine Finger aus! Hier sind meine Hände. Nimm deine Hand und lege sie in die Wunde an meiner Seite! Und sei nicht mehr ungläubig, sondern gläubig." Ich sage dir: Ich musste ihn gar nicht mehr anfassen. Das brauchte ich jetzt nicht mehr. Ich sah ihn ja vor mir: Hier stand Jesus. Er

lebte. Und er kannte mich ganz genau. Ja, mehr noch: Er wusste sogar, was ich zu den anderen Jüngern vor einer Woche gesagt hatte. Ich schämte mich und freute mich und wunderte mich und glaubte ihm – alles gleichzeitig. Aus tiefem Herzen sprach ich: „Mein Herr und mein Gott." Jesus lächelte mich an, aber als er dann redete, fühlte ich mich doch ertappt. Er fragte nämlich: „Weil du mich gesehen hast, glaubst du? Glücklich sind die Menschen, die nicht sehen und trotzdem glauben." Ja, solche Leute sind glücklich. Vielleicht bist du einer von ihnen. Aber ich war auch glücklich: Jesus hatte mir eine zweite Chance gegeben, nachdem ich den anderen Jüngern nicht geglaubt hatte, als sie sagten: „Wir haben den Herrn gesehen."

Nach Johannes 20,24–29

Wichtiger Auftrag

Die beiden Frauen waren ganz außer Atem, als sie bei uns ankamen: „Jesus!“, keuchte Maria aus Magdala. Mehr konnte sie nicht sagen. „Was ist mit ihm?“, fragte ich ungeduldig. Wir wussten, dass die beiden Frauen morgens zum Grab von Jesus gehen wollten. Was war bloß geschehen, dass sie nun zurückgerannt kamen?

„Er ist auferstanden!“, sagte die andere Frau, die auch Maria hieß. „Was soll das heißen?“, wollte einer meiner Freunde wissen. Und auch die anderen Männer stellten sich nun zu den beiden Frauen. Keiner von uns elf Männern wollte etwas verpassen.

„Das Grab war leer!“, berichtete nun wieder Maria aus Magdala. Ich dachte, ich hörte nicht richtig: „Es war leer? Was soll das heißen?“
„Ja, leer. Wenn ich es doch sage!“, entgegnete sie. Und die andere Maria erklärte: „Wir konnten es selber erst gar nicht glauben. Aber dort war ein Engel. Sein Gewand war weiß wie Schnee.“ Dann atmete sie wieder tief durch und erzählte uns mehr: „Der Engel saß auf dem Stein, der vor dem Grab gewesen war. Er sagte zu uns: ‚Fürchtet euch nicht! Ich weiß, dass ihr Jesus sucht. Aber er ist nicht hier. Er ist auferstanden. Geht schnell zu seinen Jüngern und erzählt ihnen davon!‘“ Und deshalb waren die Frauen losgelaufen, obwohl sie ganz verwirrt waren. Jesus war auferstanden? Was für eine frohe Botschaft! Aber auch eine unbegreifliche Botschaft. Und dadurch irgendwie angstmachend. Aber das war noch gar nicht alles. Die Frauen waren also losgerannt, um uns Bescheid zu sagen.
Doch plötzlich, während sie auf dem Weg zu uns waren, kam ihnen Jesus selber entgegen und grüßte sie. Da konnten sie nicht anders: Sie warfen sich auf den Boden und berührten seine Füße. Ich konnte gut verstehen, dass Maria sich fragte: „Ist er es wirklich? Oder ist es ein Gespenst?“
Dann redete Jesus zu ihnen. Er verstand ihre Angst und beruhigte sie erst einmal: „Fürchtet euch nicht!“ Maria von Magdala erzählte weiter: „Wie gut es tat, seine Worte zu hören! Eigentlich hatte ich viele Fragen. Aber ich konnte sie gar nicht stellen, denn Jesus sprach schon weiter und gab uns einen Auftrag: ‚Geht und sagt meinen Jüngern, sie sollen nach Galiläa gehen! Dort werden sie mich sehen.‘“
Und das hatten sie dann gemacht und waren nun bei uns. Wir glaubten den Frauen. Deshalb machten wir uns sofort auf den Weg nach Galiläa.

***

Jesus hatte den Frauen einen Berg genannt, auf den wir gehen sollten. Als wir dort ankamen, sahen wir Jesus. Er war wirklich von den Toten auferweckt worden! Er war wirklich der Sohn Gottes. Wir warfen uns auf den Boden, als wir ihn erkannten, denn wir kamen uns sehr klein und unwichtig vor. Aber einige von uns waren sich nicht sicher und fragten sich: „Kann das denn sein? Oder bilden wir uns das alles nur ein?“ Jesus kam näher. Als er bei uns war, sagte er uns, dass wir wieder aufstehen sollten. Und er fuhr fort: „Gott hat mir alle Macht gegeben im Himmel und auf der Erde. Darum geht zu den Menschen überall auf der Welt! Erzählt ihnen von mir, damit sie an mich glauben und meine Jünger werden!“ Er erklärte uns außerdem, was wir machen sollten, wenn jemand zum Glauben an ihn finden würde: „Tauft die Menschen auf den Namen des Vaters und des Sohnes und des Heiligen Geistes! Und bringt ihnen alles bei, was ich euch gesagt habe!“

Wir nickten stumm. Das war eine große Aufgabe, die Jesus uns da gab. Ich fragte mich: Können wir das überhaupt ohne Jesus schaffen? Ist das nicht zu schwierig für uns? Werden wir die Botschaft von Gottes Liebe richtig weitergeben?

Als hätte Jesus meine Gedanken gelesen, beendete er seine Rede mit Worten, die uns Mut machten: „Habt keine Angst. Ihr könnt sicher sein: Ich bin immer bei euch, an jedem Tag, bis zum Ende der Welt.“

Nach Matthäus 28,1–10.16–20

Neue Kraft von Gott

„Gehst du mit mir durch die Stadt spazieren, Aaron?“, fragte ich meinen großen Bruder. Aber der schüttelte den Kopf. „O bitte“, jammerte ich. „Geh doch alleine, Hannah!“, meinte er. Aber ich antwortete: „Das darf ich doch nicht. Das weißt du genau. Die Eltern finden, dass ich zu klein dafür bin.“ Mein Bruder zögerte noch: „Was willst du denn dort?“ – „Nichts Besonderes. Nur die Häuser und die Leute angucken. Ach, Aaron, bitte!“ und ich guckte ihn ganz lieb an. Ich war sicher, dass das wirken würde. Aaron seufzte: „Na gut, wenn's sein muss!“ Ich machte einen Luftsprung: „Au ja!“

Tatsächlich hatte die Mutter nichts gegen den Spaziergang: „Aber nimm Hannah an die Hand, Aaron! Wenn sie sich verläuft, findet sie den Weg nicht mehr! Sie kennt sich ja noch gar nicht aus.“ Aaron versprach es. Und es ging los!

Wir wohnten noch nicht lange in der großen Stadt Jerusalem. Früher wohnten wir in einem Dorf. Dort kannte ich mich gut aus. Aber in Jerusalem gab es viel mehr Straßen, viel mehr Häuser und viel mehr Menschen. Es machte mir ein bisschen Angst. Aber es machte mich auch neugierig.

Wir gingen langsam durch die Straßen und schauten uns alles in Ruhe an: die schönen Häuser und den Tempel. Und auch die vielen Menschen, die von weit her nach Jerusalem gekommen waren. Aaron erklärte es mir: Sie kamen aus Rom und aus Ägypten, aus Arabien und von der Insel Kreta. Sie sahen nicht nur unterschiedlich aus, sie sprachen auch ganz verschiedene Sprachen.

Und dann ein Schreck! Das Haus, an dem wir gerade entlanggingen, bebte plötzlich. Ich krallte mich ängstlich an Aaron

fest. Auch er blieb erschrocken stehen. Und auch andere Menschen merkten es und gingen nicht weiter. „Ein Erdbeben!“, rief jemand. Aber es war kein Erdbeben. Nur in diesem einen Haus dröhnte etwas. Es klang wie ein Sturm. Draußen war jedoch alles windstill.
Ich schaute am Haus hoch: „Sieh mal, Aaron!“ Ich zeigte auf ein Fenster, durch das man ins Haus hineinblicken konnte. Durch das Fenster hindurch erkannten wir eine Gruppe von Menschen im Zimmer. Und wir erkannten Lichter im Raum. „Was ist das?“, fragte ich Aaron. Aber er wusste es auch nicht: „Es sieht aus, als wäre eine kleine Feuerflamme über jedem Kopf. Aber das kann doch nicht sein!“ Von allen Seiten kamen nun Menschen zu diesem Haus gelaufen und redeten aufgeregt miteinander. Wir konnten nicht alle Menschen verstehen, denn wir kannten deren Sprachen nicht. Aber es war deutlich, dass alle verwundert waren.
Aus dem Haus hörten wir jetzt Stimmen. „Kannst du verstehen, was die Leute im Zimmer sagen?“, fragte ich meinen großen Bruder. Der machte eine Handbewegung, dass ich leise sein sollte, und horchte: „Ja, jetzt verstehe ich sie: Sie loben Gottes große Taten!“
Ein Mann mit dunkler Hautfarbe stand neben uns und schaute Aaron verwundert an: „Du verstehen?“ Wir merkten sofort, dass der fremde Mann nur sehr schlecht unsere Sprache konnte. „Natürlich verstehe ich, was sie sagen“, antwortete Aaron. „Das ist doch meine Sprache!“ – „Ich auch verstehen“, versuchte der Mann zu erklären. „Meine Sprache!“ Das aber verstanden Aaron und ich nicht. „Hat der Mann sie in seiner Sprache gehört?“, flüsterte ich dem Bruder zu. „So scheint es. Merkwürdig.“
Ich guckte mir nun die Menschen hinter dem Fenster genauer an. Vielleicht waren sie ja aus verschiedenen Gegenden. Aber

ich war überrascht: „Da im Zimmer, das ist ja Bartholomäus aus unserem Dorf!“ Aaron schaute selber hin: „Stimmt. Ich habe ihn schon länger nicht gesehen. Er ist ein Jünger von diesem Jesus geworden, der mal in unserem Dorf predigte und einen Mann heilte, der nicht hören und sprechen konnte.“ Ich erinnerte mich. Aaron wäre damals am liebsten selber ein Jünger von diesem Lehrer geworden, aber die Eltern verboten es ihm. Letztens hieß es, Jesus sei gekreuzigt worden. „Siehst du“, sagte da der Vater zu Aaron. „Gut, dass du nicht mitgemacht hast. Jetzt wissen wir, dass dieser Mann nicht von Gott kam.“

Aaron erkannte auch noch andere Jünger: „Die kommen alle aus unserer Gegend. Wieso bloß hat der fremde Mann sie in seiner Sprache gehört?“ Er war nicht der Einzige, der sich das fragte. Weiter hinten rief jemand: „Wie kann es sein, dass jeder von uns sie in der Sprache versteht, mit der er aufgewachsen ist? Wir sind doch hier aus verschiedenen Teilen der Welt.“ Auch andere fragten ratlos: „Was soll das bedeuten?“ Für manche war klar: „Die haben zu viel Wein getrunken und sind betrunken!“

In diesem Moment trat jemand aus der Tür. Aaron flüsterte mir zu: „Das ist deren Sprecher. Ich glaube, er heißt Petrus.“ Ihm folgten Bartholomäus und zehn weitere Männer. Anscheinend hatte Petrus gehört, was draußen geredet wurde. Denn er sagte: „Hört zu, ihr Leute von Jerusalem! Es stimmt nicht, was ihr

meint: Diese Männer sind nicht betrunken. Es ist doch erst neun Uhr morgens! Nein, es ist etwas ganz anderes geschehen: Sie erhielten neue Kraft von Gott. Der Heilige Geist hat sie erfüllt."
Ich verstand das nicht und blickte meinen Bruder fragend an: „Was meint er damit?" Aber Aaron achtete nicht auf mich. Er hörte gespannt zu. „Hört, was ich euch sage", fuhr Petrus fort. „Viele von euch haben gesehen, dass Jesus von Nazaret mächtige Taten und Wunder gewirkt hat. Das konnte er nur, weil Gott es so wollte. Gott gab ihm die Kraft dazu. Trotzdem habt ihr ihn töten lassen. Aber Gott hat Jesus auferweckt. Der Tod konnte Jesus nicht festhalten. Dafür sind wir alle Zeugen." Bei diesen Worten zeigte Petrus auf die Männer hinter sich. „Gott hat Jesus wirklich zum Retter gemacht. Und Jesus hat uns diese Kraft, den Heiligen Geist, geschickt. Das habt ihr eben erlebt."
„Es war mir doch damals schon klar", flüsterte Aaron bewegt. „Jesus war kein gewöhnlicher Mensch. Aber die Eltern wollten mir ja nicht glauben!" Er fasste mich wieder fester an die Hand. „Komm, Schwesterchen", sagte er. „Wir gehen nach Hause. Das muss ich ihnen erzählen." Wir quetschten uns durch die Menge, aber die Leute beachteten uns nicht weiter. Sie hörten Petrus zu. „Brüder, was sollen wir tun?", fragte jemand. Und während wir weggingen, hörten wir noch die Antwort des Petrus: „Ändert euer Leben! Lasst euch taufen auf den Namen Jesu! Dann werdet auch ihr den Heiligen Geist geschenkt bekommen. Dann wird auch euch Gottes Kraft bewegen."
Wir bogen um eine Ecke in die nächste Straße. Nun konnten wir Petrus nicht mehr hören. Und wir bekamen auch nicht mit, dass viele Zuhörer seinen Worten glaubten und sich taufen ließen. Das erfuhren wir erst später.

Zu Apostelgeschichte 2,1–41

Anhang

Der Jahreskreis und seine Geschichten

Jedes Jahr erinnert die Kirche mit Festen und Feiertagen an die wichtigsten Ereignisse und Geschichten im Leben Jesu und an besondere Wahrheiten unseres Glaubens. Dieses so genannte „Kirchenjahr" (oder: der Jahreskreis) dauert zwar auch zwölf Monate, beginnt aber nicht am 1. Januar.

1. Advent:

4. Sonntag vor dem 25. Dezember: Beginn des Kirchenjahres.
Dazu passt: *Für Gott ist nichts unmöglich*, S. 11

Adventszeit:

Die Zeit vom 1. Advent bis Weihnachten. Advent heißt „Ankunft": Wir bereiten uns auf die Ankunft Jesu Christi vor.
Dazu passt: *Volles Haus*, S. 19

Heiligabend:

24. Dezember, eigentlich nur Vorabend des Weihnachtsfestes, heute aber oft der Tag/Abend, an dem es die Geschenke gibt.
Geschichten dazu: *Volles Haus*, S. 19; *Ein helles Licht*, S. 23

Weihnachten:

25. Dezember. Geburt Jesu Christi in Betlehem.
Dazu passt: *Ein helles Licht*, S. 23

Fest der Heiligen Familie:

Sonntag nach dem 25. Dezember. Maria, Josef und Jesus werden als Vorbilder gezeigt.

Geschichten über die Heilige Familie: *Begegnung im Tempel*, S. 31; *Ein ungewöhnlicher Junge*, S. 34

Fest der Erscheinung des Herrn (Epiphanie)/
Fest der Heiligen Drei Könige:

6. Januar. Drei weise Sterndeuter folgen einem Stern und finden das Jesuskind. Der Mensch gewordene Gott erscheint vor Menschen aus allen Völkern.

Von den Weisen berichtet: *Ein neuer König?*, S. 26

Fest der Taufe des Herrn:

2. Sonntag nach Weihnachten, zählt als 1. Sonntag im Jahreskreis. Jesus lässt sich von Johannes dem Täufer im Jordan taufen. Gott sagt: „Dies ist mein geliebter Sohn!"

Davon erzählt: *„Mein geliebter Sohn"*, S. 35

Fest der Darstellung des Herrn/Mariä Lichtmess:

2. Februar (40 Tage nach Weihnachten). Früher endete mit diesem Fest die Weihnachtszeit. Jesus wird von Maria und Josef in den Tempel gebracht.

Davon erzählt: *Begegnung im Tempel*, S. 31

Aschermittwoch:

Mittwoch vor dem 6. Sonntag vor Ostern. Beginn der Fastenzeit zur Vorbereitung auf Ostern. Im Gottesdienst erhalten wir ein Kreuz aus Asche auf die Stirn gezeichnet.

Dazu passt: *Mein toller Onkel*, S. 48

Fastenzeit/Österliche Bußzeit:
40 Tage zwischen Aschermittwoch und Ostern (die Sonntage werden nicht mitgezählt). Durch Fasten, Beten und Almosengeben versuchen wir, Gott näherzukommen, und bereiten uns so auf Ostern vor.
Dazu passen: *Aufs Dach gestiegen,* S. 52; *Rettung für einen Sünder,* S. 72; *Dieser Vater ist anders,* S. 76; *Das Licht der Welt,* S. 80; *„Glaubst du das?“,* S. 83; *Wutausbruch,* S. 87

Fest der Verkündigung des Herrn/Mariä Verkündigung:
25. März. Neun Monate vor Weihnachten denken wir an die Botschaft des Engels Gabriel an Maria, dass sie durch den Heiligen Geist ein Kind empfangen wird.
Davon handelt: *Für Gott ist nichts unmöglich,* S. 11

Palmsonntag:
Sonntag vor Ostern. Jesus zieht auf einem Esel in Jerusalem ein, die Menschen winken jubelnd mit Palmzweigen und rufen „Hosanna!“
Dazu gehört: *Der Mann auf dem Esel,* S. 91

Gründonnerstag:
Donnerstag vor Ostern, Teil der Karwoche. Jesus feiert mit seinen Jüngern das Letzte Abendmahl und wäscht ihnen die Füße.
Davon berichten: *Ein Abend in Jerusalem,* S. 95; *Brot und Wein,* S. 99

Karfreitag:
Freitag vor Ostern. Jesus stirbt am Kreuz.
Dazu passen: *Fragen über Fragen,* S. 102; *Ein König am Kreuz,* S. 104

Ostersonntag:

Sonntag nach dem ersten Vollmond im Frühling. Wichtigstes Fest der Christen: Gott hat Jesus von den Toten auferweckt. Das gibt jedem Menschen die Hoffnung auf ein Leben nach dem Tod.

Davon sprechen: *Tränen im Garten,* S. 109; *„Es ist Jesus!“,* S. 117

Weißer Sonntag:

Sonntag nach Ostern. Traditionell der Tag der Erstkommunion.

Das Tagesevangelium erzählt vom „ungläubigen“ Thomas, im Buch nacherzählt in der Geschichte: *„Wir haben den Herrn gesehen!“,* S. 120

Osterzeit:

Die Zeit von Ostersonntag bis Pfingsten.

Der Vertiefung des Auferstehungsglaubens dienen diese Geschichten: *Tränen im Garten,* S. 109; *Blind,* S. 113; *„Es ist Jesus!“,* S. 117; *„Wir haben den Herrn gesehen!“,* S. 120

Christi Himmelfahrt:

40 Tage nach Ostern. Der auferstandene Jesus kehrt zum Vater zurück.

Dazu passt: *Wichtiger Auftrag,* S. 123

Pfingsten:

50 Tage nach Ostern. Die Apostel empfangen den Heiligen Geist und beginnen zu predigen. Daher „Geburtstag der Kirche“.

Davon erzählt: *Neue Kraft von Gott,* S. 126

Dreifaltigkeitsfest:

Sonntag nach Pfingsten. Unser Glaube ist „im Namen des Vaters und des Sohnes und des Heiligen Geistes“: Ein Gott in drei Personen.

Dies kommt vor in: *Wichtiger Auftrag*, S. 123

Fronleichnam:

Donnerstag der 2. Woche nach Pfingsten. Das Wort bedeutet „Leib des Herrn“, denn das Fest feiert Christus in der Gestalt des gewandelten Brotes.

Dazu passen: *Alle wurden satt*, S. 57; *Brot und Wein*, S. 99

Herz-Jesu-Fest:

Freitag der 3. Woche nach Pfingsten. Hochfest zu Ehren des durchbohrten Herzens Jesu.

Es drückt auch aus: Gott hat ein Herz für die Menschen, wie in dieser Geschichte: *Verloren und gefunden*, S. 62

Hochfest Mariä Aufnahme in den Himmel/
Mariä Himmelfahrt:

15. August. Maria, die Gottesmutter, wird nach ihrem Tod mit Leib und Seele in den Himmel aufgenommen.

Der „Lobgesang Mariens“ ist hier nacherzählt: *Besuch von Maria*, S. 15

Erntedankfest:

Meist am 1. Sonntag im Oktober. Wir danken für die Gaben aus Gottes Schöpfung, von denen wir leben.

Dazu passt: *Streit um ein Haus*, S. 67

Allerheiligen:

1. November. Gedenktag für alle Heiligen, die schon bei Gott leben.

Eine Geschichte über ein heiliges Brüderpaar: *„Kommt und seht!“*, S. 42; eine Geschichte über einen Sünder, der das Heil fand: *Rettung für einen Sünder*, S. 72

Allerseelen:

2. November. Gedenktag für alle Verstorbenen.

Dazu passt die Geschichte einer Totenauferweckung: *„Glaubst du das?“*, S. 83

Christkönigsfest:

5. Sonntag vor dem 25. Dezember. Abschluss des Kirchenjahres. Das Fest feiert Christus als den Herrscher der Welt, der über allen Königen und Präsidenten steht.

Dazu passt: *Ein König am Kreuz*, S. 104

Register der verwendeten Bibelstellen

Matthäusevangelium:

Markusevangelium:

Lukasevangelium: